프로이트의 감정수업

프로이트의 감정수업

보이지 않는 무의식의 세계와 마주하기

강이안 지음

Sigmund Freud

팔로틱

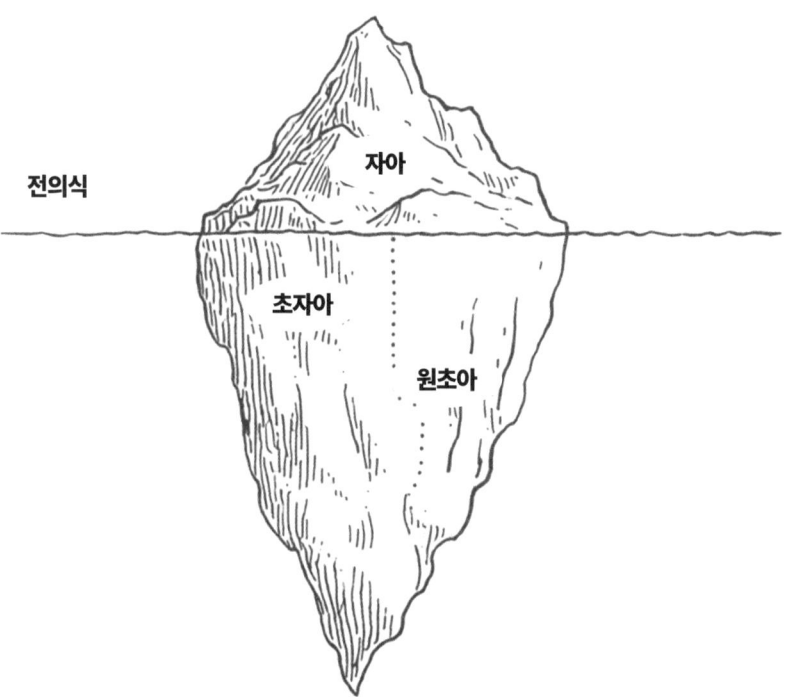

무의식

The Unconscious

"무의식을 마주한 사람만이 삶의 진정한 주인이 된다."

우리 마음 깊은 곳에는 작은 방이 있다. 그곳에는 꺼내고 싶지 않은 기억이 차곡차곡 쌓여 있다. 문은 굳게 잠겨 있지만, 얇은 벽 사이로 가끔 소리가 새어 나온다. 그 방이 바로 무의식이다. 우리가 인식하지 못하는 이 방은 우리가 알지 못하는 순간에도 감정을 흔들고, 선택을 바꾸며, 사랑과 운명까지 움직인다.

120년 전, 한 인물은 그 방의 열쇠를 찾아냈다. 이 책은 당신에게도 그 열쇠를 쥐어 주려 한다.

프롤로그

내 안의 낯선 나를 만나는 시간

종종 우리는 이런 말을 내뱉습니다.
"나도 내가 이럴 줄은 몰랐어."
그러면 친구가 이렇게 말하죠.
"너 스스로도 네 감정을 모르는 것 같아. 왜 계속 말이랑 행동이 달라?"
우리 무의식에는 내가 알지 못하는 또 다른 '나'가 살고 있습니다. 가끔 내가 왜 그런지 이해가 되지 않을 때가 있습니다. 평소라면 그냥 넘겼을 일을 괜히 예민하게 받아들이기도 하고, 같은 실수를 반복하기도 합니다. 매번 상처받으면서도 비슷한 유형의 사람에게 끌리는 자신을 보며 혼란스러워합니다.

우리가 '나를 잘 안다'고 믿는 건 착각입니다. 의식은 거대한 빙산 위로 드러난 작은 조각에 불과합니다. 나머지 대부분은 바다 밑에 숨어 있는 거대한 얼음덩어리입니다. 그 깊은 곳에 진짜 나를 움직이는 힘, 무의식이 있습니다.

억눌린 감정들은 사라지지 않습니다. 지금 이 순간에도 당신을 조종하고 있습니다. 하지만 이제는 달라질 수 있습니다. 이 책은 보이지 않는 내면으로 들어가는 지도입니다. 이 지도를 따라가다 보면 당신은 처음으로 진짜 자신과 마주하게 될 겁니다. 두렵고 낯선 감정이 들 수 있습니다. 하지만 그 마주침은 가장 근본적인 변화의 시작입니다. 내 감정의 주인을 알게 될 때, 마음은 비로소 자유로워집니다. 강한 자아를 갖게 됩니다.

무의식을 이해한다는 것은 나의 진짜 모습을 받아들이는 일입니다. 완벽하지 않은 나, 비합리적인 나, 힘들었던 어린 시절까지 모두 끌어안는 것입니다. 그때 비로소 감정에 흔들리지 않는 단단한 자아가 생깁니다. 남의 의도도 쉽게 읽히니 화도 줄어들고, 오히려 이해심이 커집니다. 세상이 훨씬 선명하게 보입니다.

자, 이제 당신 안에 숨어 있는 낯설지만 가장 진실한 '나'를 마주할 시간입니다.

목차

프롤로그 내 안의 낯선 나를 만나는 시간 **6**
서문 나를 이해하기 위한 가장 솔직한 여정 **14**

제1부. 프로이트의 감정수업

1장 나를 조종하는 보이지 않는 손: 무의식과 마음의 구조

1 / 내 마음의 보이지 않는 주인 | 무의식 **21**
2 / 트라우마가 숨어 있는 곳 | 억압 **24**
3 / 어젯밤 꿈의 진짜 의미 | 꿈 **27**
4 / 무심코 튀어나온 진심 | 실언 **30**
5 / 자꾸 잊어버리는 것들의 공통점 | 망각 **32**
6 / 자아가 약한 사람의 특징 | 자아 **35**
7 / 내 안의 야생동물 | 원초아 **38**
8 / 완벽을 강요하는 내면의 목소리 | 초자아 **41**
9 / 왜 나는 강한 욕망을 가질까? | 리비도 **44**
10 / 위험을 알리는 신호 | 불안 **47**
11 / 무의식으로 가는 비밀 통로 | 자유연상 **50**
12 / 의식과 무의식 사이의 문 | 전의식 **53**

2장 상처받지 않기 위해 나는 무슨 짓까지 하는가: 방어기제

13 / 현실을 외면하고 싶을 때 | 부정 57
14 / 내 문제를 남 탓으로 돌리기 | 투사 60
15 / 그럴 듯한 변명 만들기 | 합리화 64
16 / 청개구리처럼 삐딱하게 사는 심리 | 반동형성 67
17 / 어린아이로 되돌아가는 심리 | 퇴행 70
18 / 만만한 사람에게 화풀이하는 이유 | 치환 73
19 / 두려움을 이기는 방법 | 공격자와의 동일시 76
20 / 슬픈데 슬프지 않다는 착각 | 분리 79
21 / 마음을 수학 공식으로 풀려는 사람 | 지성화 82
22 / 행동으로 죄책감 지우기 | 취소 85
23 / 말 대신 행동으로 말하기 | 행동화 88
24 / 충동을 창조로 바꾸는 마법 | 승화 91
25 / 절망의 멱살을 잡고 웃는 법 | 유머 94
26 / 과거 관계가 현재에 미치는 영향 | 전이 97
27 / 불행해도 익숙한 게 편한 이유 | 저항 100

3장 모든 것은 어린 시절에 시작되었다: 성격의 탄생

28 / 내 성격은 어디서 온 걸까? | 어린 시절 104
29 / 첫사랑의 비극 | 오이디푸스 콤플렉스 107
30 / 소유욕의 근원 | 질투 110
31 / 씹고 빨고 삼키는 행동의 숨은 의미 | 구강기 113
32 / 계획이 틀어지면 불안한 사람의 비밀 | 항문기 116
33 / 경쟁과 질투의 탄생 | 남근기 120
34 / 열등감과 자신감의 뿌리 | 잠복기 123

35 / 성숙한 사랑의 시작 | 생식기 **126**

36 / 어른의 몸에 갇힌 어린 마음 | 고착 **129**

37 / 부모의 그림자에서 벗어나기 | 동일시 **132**

38 / 당신을 조종하는 내면의 목소리 | 내사 **136**

39 / 나의 성 정체성의 근원 | 성 정체성 **139**

40 / 부모의 미완성된 숙제를 떠안은 아이들 | 정신적 유산 **142**

4장 무의식 너머의 심연: 삶과 죽음, 그리고 진정한 자유를 향해

41 / 죽음으로 가고자 하는 본능 | 타나토스 **146**

42 / 불행을 반복하는 이유 | 반복 강박 **149**

43 / 사랑하면서도 증오하는 마음 | 양가감정 **152**

44 / 결혼과 가족 | 무의식적 관계 **156**

45 / 상실을 다루는 두 가지 방식 | 애도와 멜랑콜리 **159**

46 / 특별해야 살 수 있다는 비극 | 나르시시즘 **162**

47 / 사소한 것들을 더 선명하게 기억하는 이유 | 위장기억 **166**

48 / 문명을 얻은 원시인은 행복할까? | 문명 **169**

49 / 투사된 적대감의 망상 | 편집증 **172**

50 / 몸이 대신 우는 사람들 | 신체화 장애 **175**

51 / 왜곡된 성적 발달 | 성도착과 페티시즘 **179**

52 / 마음 굴뚝을 청소하는 방법 | 카타르시스 **182**

53 / 무의식을 의식으로 | 자신을 아는 여정 **184**

54 / 진정한 자유를 향한 길 | 자유 **187**

제2부. 인류에 세 번째 모욕을 가한 자, 지그문트 프로이트 이야기

Scene #1 한 소년은 어떻게 심리학자가 되었나? (1856~1880) 193

Scene #2 마음은 왜 아픈 몸을 만드는가? (1881~1896) 198

잠재된 욕망은 어디로 가는가? | 운명의 꿈 - 이루마의 주사 | 무의식이라는 신세계

Scene #3 사랑과 미움, 어디서 시작되는가? (1897~1919) 204

유혹 이론에서 환상 이론으로 | 오이디푸스 콤플렉스의 탄생 | 성적 발달 단계의 제시

Scene #4 인간은 왜 죽음을 추구하는가? (1920~1929) 210

죽음 충동의 발견 | 개인적 비극과 이론의 확신 | 무의식에 숨겨진 또 다른 본능, 죽음 충동 | 집단 심리학의 통찰 | 구강암 진단과 삶의 변화 | 또 다른 상실의 고통 | 종교에 대한 정면 비판

Scene #5 문명은 왜 우리를 불행하게 만드는가? (1930~1938) 221

모세와 유대교의 기원 | 나치의 위협과 런던 망명

Scene #6 인간의 존엄성은 어디에 있는가? (1938~1939) 228

품위 있는 마지막을 위한 결단 | 화장과 마지막 경의 | 편견은 사라지고, 통찰은 남았다 | 불변하는 핵심 통찰들 | 인류에게 가한 세 번째 모욕의 의미 | 계속되는 내면의 탐험

제3부. 프로이트의 이론과 사상

Insight #1 내 마음의 주인은 누구인가: 무의식의 개념과 꿈을 통한 접근 239

의식의 세 가지 수준 | 꿈의 해석과 무의식 접근 | 이르마의 주사 꿈: 소망 충족의 실례

Insight #2 왜 나는 하고 싶은 것과 해야 하는 것 사이에서 갈등하는가:
　　　원초아, 자아, 초자아의 역할 251

원초아(Id): 본능의 원천 | 자아(Ego): 현실과의 중재자 | 초자아(Superego): 도덕적 감시자 | 삼원 구조의 갈등과 중재

Insight #3 어릴 적 버릇이 평생을 좌우하는가:
　　　성욕 이론과 심리성적 발달 260

리비도와 성적 발달의 재정의 | 심리성적 발달 단계 | 고착과 성격 형성

Insight #4 사랑과 증오는 어떻게 한 마음속에 공존하는가:
　　　오이디푸스 콤플렉스와 양가감정 269

이론의 중심성과 보편성 | 남성의 오이디푸스 콤플렉스 | 어린 한스의 사례: 실증적 증거

Insight #5 나는 나를 속이고 있는가: 방어기제와 자아의 보호 전략 275

주요 방어기제: 마음이 자신을 지키는 방법들 | 에미 폰 N.의 사례: 저항의 발견

Insight #6 이 기묘한 행동들은 무엇을 말하는가:
　　　성격 유형과 임상 사례들 284

슈레버의 사례: 편집증과 투사 메커니즘 | 늑대 인간의 사례: 유아기 신경증의 재구성 | 쥐 인간의 사례: 강박 신경증과 양가감정 | 도라의 사례: 전이와 치료 실패 | 프로이트 이후, 우리는 어떻게 달라졌는가

에필로그 프로이트의 렌즈로 세상을 보다 **297**
참고문헌 300

서문

나를 이해하기 위한 가장 솔직한 여정

부끄러운 고백부터 해야겠습니다. 저는 이 책을 처음 엮을 때 '프로이트를 다 안다'는 오만에 빠져 있었습니다. 그의 낡고 복잡한 이론을 쉽게 정리하기만 하면 된다고 생각했습니다. 그러나 원고를 한 장씩 넘길수록 저는 프로이트를 사랑하게 되었습니다. 그리고 진심으로 그에게 감사하게 되었습니다.

며칠 전, 친구가 저를 보더니 놀라며 물었습니다.

"요즘 뭔가 달라 보이는데, 무슨 좋은 일 있어? 얼굴 표정이 너무 좋아졌어."

사실 이 작업을 하며 저는 오랫동안 외면했던 '내 안의 낯선 나'와 마주했고, 그 과정에서 말로 다할 수 없는 평온함을 느꼈습니다. 제 삶은 스스로도 눈치채기 어려울 만큼 조용히 변하고 있었습니다. 저의 달라진 기운이 제 주변 사람들에게도 전해졌나 봅니다.

프로이트의 글을 읽으며 제 무의식과 마주했습니다. 그의 삶과 이론을 따라가며, 제가 일평생 누군가에게 느꼈던 불편한 감정의 뿌리를 해석할 수 있었습니다.

그의 스토리에 감화되기도 했습니다. 전쟁과 가족의 죽음이라는 비극 속에서 '죽음 충동' 개념을 길어 올린 그의 고뇌에 공감하며 눈시울이 붉어졌습니다. '방어기제'를 읽으며 끊임없이 변명하고 남 탓하던 제 모습이 거울처럼 비쳐 부끄러웠습니다. 하지만 그 과정에서 그때의 나는 왜 그럴 수밖에 없었는지 이해하게 되었고, 나 자신을 진정으로 수용할 수 있게 되었습니다. 꽁꽁 닫아두었던 마음의 상자를 하나씩 열어보는 기분이었고, 그로 인해 깊은 해방감을 느꼈습니다. 마침내 나 자신과 화해하고, 더 나은 삶의 여정을 시작할 준비를 하게 되었습니다. 요즘은 하루하루가 행복하고 평온합니다.

이 여정은 저만의 이야기가 아닙니다. 이 책은 당신도 '자신'과 마주하도록 친절히 안내할 것입니다. 억지로 끄집어내려 애쓰지 않아도, 페이지를 넘기다 보면 스르르 마음의 문이 열리는 경험을 하게 됩니다. 그리고 당신은 곧 깨닫게 될 겁니다.

"내가 나를 잘 모르고 살았구나."

이 책이 건네는 약속은 단순합니다. '무의식을 의식과 만나게 하는 것'입니다. 이 책은 총 3부로 구성되어, 당신의 탐험을 체계적으로 안내합니다.

1부에서는 프로이트의 어려운 이론들을 일상적인 상황들과 연결하여 설명합니다. 그저 쉬운 글을 따라가다 보면, 프로이트의 핵심 사상들을 알 수 있게 되고, 나도 몰랐던 나 자신과 만나게 됩니다.

2부에서는 프로이트의 소설 같은 인생을 따라갑니다. 삶을 따라 걸으며 그의 목소리를 더 생생하게 느낄 수 있습니다. 한 인간으로서 그가 겪은 고뇌와 통찰이 어떻게 위대한 이론으로 피어났는지 엿볼 수 있습니다. 그의 이론은 어린 시절의 복잡한 가족관계, 반유대주의 경험, 사랑하는 사람들의 죽음과 같은 개인적 경험에서 비롯되었습니다.

3부에서는 무의식, 꿈, 방어기제, 오이디푸스 콤플렉스 등 프로이트의 핵심 이론과 사상을 쉬운 언어로 정리했습니다. 단순한 개념 설명을 넘어, 당신의 삶에 실제로 적용할 수 있도록 구성했습니다.

《프로이트의 감정수업》은 꼭 처음부터 읽지 않아도 괜찮습니다. 마음이 끌리는 곳부터 펼쳐도 좋습니다. 이 책은 단순히 지식을 전달하는 데 그치지 않습니다. 당신이 자기 자신과 화해하고, 타인을 더 깊이 이해하며, 반복되는 삶의 굴레에서 벗어날 단서를 제공할 겁니다.

제가 경험했듯, 당신도 프로이트의 생각을 접하며 정신으로부터 자유를 얻었으면 합니다. 단 한 번만이라도 무의식과 마주하는 경험을 하면 좋겠습니다.

제1부

프로이트의 감정수업

1장

나를 조종하는 보이지 않는 손
무의식과 마음의 구조

1

내 마음의 보이지 않는 주인

무의식

"자아는 자기 집의 주인이 아니다."
– 지그문트 프로이트, 《정신분석학 입문 강의》

아침에 눈을 뜨며 다짐합니다. "오늘은 기분 좋게 지내야지." 그러나 몇 시간 지나지 않아 사소한 일에 짜증이 솟구칩니다. "이번엔 절대 화내지 말아야지"라고 결심했는데, 어김없이 감정이 폭발하고 맙니다. 마치 내 안에 내 뜻대로 움직이지 않는 누군가가 있는 것 같습니다.

그 통제되지 않는 존재가 무의식(Unconscious)입니다. 의식은 마음이라는 집의 작은 방에 불과합니다. 우리는 작은 방의 가구만 보고 전체를 알았다고 착각합니다. 하지만 진짜 중요한 것들은 굳게 잠긴 지하실에 숨어 있습니다.

그 지하실에는 무엇이 있을까요? 어릴 때 부모에게 인정받고 싶었지만 외면당했던 서러움. 친구에게 배신당했지만 참아야 했던 분노. 어른들에게 '나쁘다'고 배워 억눌러온 욕망들. 이 감정들은 사라지지 않습니다. 먼지를 뒤집어쓴 채 지하실에 쌓여 있다가, 어느 순간 문을 열고 올라와 우리의 일상과 관계, 정신을 흔들어놓습니다.

연애에서 늘 나쁜 사람에게 끌린다면, 그것은 단순한 우연이 아닙니다. 정서적으로 불안정했던 부모에게 받은 상처가 지금의 선택을 만들었을 수 있습니다. 무의식은 그 상처 속에서 익숙함을 찾고, 그 익숙함을 안정감으로 착각하게 만듭니다. 그래서 연인이 나를 힘들게 할 때조차 부모와의 안정감을 떠올리며 관계를 붙잡습니다. 그러나 결국 그 관계는 자신을 조금씩 갉아먹고 파괴합니다. 해결되지 않은 감정은 지금 이 순간으로 스며들어 우리의 선택을 좌우합니다.

무의식은 꿈, 말실수, 농담, 반복되는 삶의 패턴 속에서 자신을 드러냅니다. 이는 당신을 괴롭히려는 것이 아닙니다. 꽁꽁 숨겨져 있던 무의식이 의식의 틈을 비집고 조금씩 새어 나오는 것뿐입니다.

그러니 우리는 이렇게 물어야 합니다. "나는 왜 이렇게 행동했을까?" 이 질문은 문제의 원인을 밖이 아닌 내 안에서 찾게 만듭니다. 누군가의 말 한마디에 과도하게 화가 났다면 "그 말이 왜 나를 이렇게 흔드는 걸까?"라고 스스로에게 물어볼 수 있습니다. 혹은 사소한 실수를 크게 부끄럽게 여긴다면 "완벽해야만 사랑받을 수 있다고 믿었던 기억이 남아 있는 건 아닐까?" 하고 되짚어 보는 것입니다. 이런 질문을 이어 가다 보면, 내 감정의 뿌리가 어디서 비롯되었는지 조금씩 드러나기 시작합니다.

무의식을 이해한다는 것은 곧 자기 자신을 이해한다는 뜻입니다. 이런 의식적 노력은 '자아'라는 집의 진짜 주인이 되어가는 첫걸음입니다.

②

트라우마가 숨어 있는 곳

억압

"억압의 본질은 의식을 밀어내고 거리를 두는 데 있다."
– 지그문트 프로이트, 〈억압〉

그런 경험 있으실 겁니다. 부모님과 어린 시절에 대해 이야기하다가 나에게 있었던 충격적인 사건을 듣게 됩니다. 그리고 이렇게 답합니다. "어머니, 그런 일이 있었어요? 그런 충격적인 일이면 기억하지 못할 수가 없는데…"

이런 경험을 한 사람은 꽤 흔합니다. 정말 사랑했던 연인과 헤어진 후, 좋았던 추억이 정말 신기할 정도로 기억나지 않게 됩니다. 미치도록 사랑했음에도 어느 순간부터 이름조차 떠오르지 않습니다. 왜 어떤 기억은 선명하게 남아 있는데, 어떤 기억은 감쪽같이 사라질까요? 그 이유는 바로 억압(Repression)이라는 마음의 방어기제가 작동하기 때문입니다.

억압은 참기 힘든 감정, 고통스러운 경험, 사회적으로 금기시되는 욕망을 의식에서 밀어내 무의식 속에 가두는 심리 작용입니다. 쉽게 말해 스스로 기억의 문을 걸어 잠그는 셈입니다. 이는 생존 본능에 가깝습니다. 위험한 기억이 떠오르지 못하게 막아, 당장의 심적 고통을 피하도록 돕습니다.

하지만 억눌린 기억은 저절로 사라지지 않습니다. 오히려 다시 떠오르려는 에너지를 품은 채 무의식 속에 남아 있습니다. 억압된 감정은 내면에서 끊임없이 힘을 쓰며, 결국 트라우마나 불안이라는 이름으로 드러납니다.

어린 시절 아버지의 폭력을 억압한 한 여성이 있다고 해봅시다. 기억은 사라졌지만, 억눌린 감정은 여전히 몸과 마음 어딘가에 남아 있습니다. 그녀는 직장에서 권위 있는 상사를 마주할 때 이유 없는 불안에 휩싸입니다. 의식은 그를 '까다로운 상사'로만 보지만, 무의식은 오래전에 묻어둔 아버지에 대한 분노와 두려움을 그에게 덧씌웁니다. 그래서 상사의 행동 하나하나에 과도한 의미를 부여하거나, 상황에 맞지 않게 감정이 폭발하기도 합니다. 머리는 잊었지만, 몸은 여전히 기억하고 있는 셈입니다.

사랑하는 사람을 떠나보낸 슬픔을 무의식으로 억누른 사람은 어떨까요? 평소에는 담담하게 지내지만, 몇 년 뒤 사소한 이별에도 삶이 무너질 듯한 절망을 겪으며 눈물을 펑펑 쏟을 수 있습니다. 미뤄둔 슬픔이 이자를 붙여 한꺼번에 덮쳐온 것입니다. 저도 비슷한 경험이 있습니다. 20대 어느 날, 키우던 강아지 중 두 번째 아이가 하늘나라로 갔다는 소식을 멀리서 들었습니다. 저는 첫 번째 아이가 떠났을 때처럼 울지 않았고, 애써 그 생각을 밀어내고 평소처럼 하루를 보냈습니다. 그리고 그 아이를 떠올리지 않으려 마음을 애써 억압했습니다. 10년이 지난 뒤, 한 친구가 자신이 키우던 강아지 이야기를 꺼냈을 때였습니다. 꾹꾹 눌러왔던 기억과 함께 하늘로 간 두 번째 아이와의 추억이 물밀듯 떠올랐습니다. 펑펑 울었던 기억이 납니다. 그리고 마음의 해방감을 얻었습니다. 평소 절대 울지 않는 저에게는 신기한 경험이었습니다.

억압을 푸는 유일한 길은 무의식 속 기억을 다시 의식으로 끌어올리는 것입니다. 물론 이 과정은 고통스럽습니다. 오랜 기간 닫아둔 마음의 상자를 여는 일은 두렵고, 그 안에 무엇이 있을지 몰라 망설이게 됩니다.

하지만 상처는 외면할수록 깊어집니다. 어두운 감정과 기억들을 빛이 있는 곳으로 끌어내어 마주할 때, 그것들은 더 이상 당신을 괴롭히지 못합니다. 과거의 상처를 피하지 마세요. 처음에는 두렵고 아플 수 있습니다. 하지만 언젠가 마주해야 한다면, 조금씩 직면하며 상처를 마주해보세요. 진정한 치유는 그곳에서 시작됩니다.

3

어젯밤 꿈의 진짜 의미
—
꿈

"꿈의 해석은 정신의 무의식적 활동을 알아가는 왕도다."
– 지그문트 프로이트, 《꿈의 해석》

악몽을 꾸신 적이 있나요? 왜 사람은 꿈을 꾸는 걸까요? 꿈은 미래를 예측하는 도구가 아닙니다. 스스로의 무의식과 만나는 시간입니다.

일주일 전, 저는 몇 년 만에 악몽을 꾸었습니다. 꿈속에는 제가 12세 때 살던 집이 나왔습니다. 그 집에 강도가 들었다는 소식을 듣고 경찰과 함께 찾아가는 장면이었습니다. 혹시 강도가 부모님을 해치지 않았을까 두려운 마음으로 집에 막 도착하려는 순간, 잠에서 깼습니다. 이런 꿈은 미래를 예견하는 꿈일까요? 아닙니다. 정확하게 말하면 '과거'에 느낀 감정 혹은 무의식과 연관이 있습니다. 꿈에는 다 이유가 있습니다. 단순히 예지몽이나, 설명하기 힘든 기이한 현상을 말하고자 하는 게 아닙니다.

꿈은 무의식이 보내는 편지입니다. 다만, 암호로 쓰여 있어 해독이 필요할 뿐입니다. 당신이 모르고 있던 감정, 억눌러온 욕망, 외면한 상처들이 꿈을 통해 조용히 얼굴을 내밉니다.

꿈속에서는 현실에서 하지 못한 일을 하게 됩니다. 직장 상사에게 화가 났지만 참았다면, 그 감정은 무의식에 저장됩니다. 꿈에서는 그에게 따지거나 심지어 물리적으로 대항할 수도 있습니다. 하지만 이런 노골적인 꿈은 드뭅니다. 대부분의 꿈은 우리 마음속 검열관의 통제를 받아 위장된 형태로 나타납니다.

어린 시절 아버지의 폭언이 트라우마로 남아 있다면 꿈에서 아버지가 직접 나타나지 않을 수 있습니다. 대신 '덩치 큰 동물이 어둠 속에서 자신을 쫓아오는 장면'을 꿉니다. 어머니에 대한 그리움은 '길을 잃고 낯선 거리를 헤매는 꿈'으로 나타납니다.

꿈을 해석할 때는 꿈속 상황이나 인물 자체에 집중하지 마세요. 중요한 것은 그 꿈이 당신에게 어떤 감정을 불러일으켰는지 보는 일입니다. 꿈속 내용이 무서웠다면 당신이 현실에서 회피하고 있는 두려움이 무엇인지 돌아봐야 합니다. 기뻤다면 어떤 소망이 당신 안에 자리하고 있는지 떠올리면 됩니다. 꿈에서 느낀 감정은 거짓말하지 않습니다.

꿈은 무의식이 지금 가장 중요하게 여기는 문제를 알려줍니다. 반복되는 꿈이 있다면, 그 안에 해결되지 않은 감정의 실마리가 숨어 있을 가능성이 큽니다. 예를 들어, 위에서 제가 꾸었던 꿈은 '상징'으로 해석할 수 있습니다. 집은 행복을 의미합니다. 강도는 현재 긴장감을 주는 적 혹은 미래에 대한 두려움을 상징합니다. 경찰은 문제를 해결할 아이디어 또는 조력자를 뜻합니다. 어린 시절 집이 나온 이유는 안정적이었던 과거를 그리워하는 무의식의 상징일 수 있습니다.

꿈은 무의식과 만나는 창구이기도 합니다. 꿈 일기를 써보는 것도 좋습니다. 처음에는 사소해 보여도 반복되는 상징과 감정을 따라가다 보면 당신만의 무의식 지도가 펼쳐집니다. 저는 꿈을 꾼 뒤에 "아, 나도 몰랐는데 내가 지금 불안한 상황이구나. 카페에 가서 노트에 내 상황을 정리해봐야겠다. 그리고 오늘 운동을 가서 체력을 좀 더 강하게 길러야겠다"라고 생각했습니다. 그 결과, 무의식적인 문제들을 대부분 해결할 수 있었고, 더는 그런 꿈을 꾸지 않게 되었습니다. 마찬가지로, 꿈을 통해 지도를 손에 넣는 순간, 당신은 감정에 끌려다니는 사람이 아니라 감정을 이해하고 선택할 수 있는 사람이 됩니다.

④

무심코 튀어나온 진심
—
실언

"입술이 침묵하더라도 손가락 끝으로 수다를 떨고, 배신은 모든 모공에서 흘러나온다."
– 지그문트 프로이트, 〈도라의 히스테리 분석〉

말이 이상하게 어긋나는 순간이 있습니다. 친한 사람에게 "풀죽지 마세요"라고 하려다 "죽지 마세요"라고 말해버립니다. 연인과 데이트 중에 이름을 불러야 하는데, 전 애인의 이름을 부릅니다. 친구와 이야기하다가 "좋아"라고 말하고 싶은데, 입에서는 "싫어"가 먼저 튀어나옵니다. 우리는 보통 이런 순간을 "피곤해서 그래", "말이 헛나왔네", "긴장해서 그랬나 봐"라고 얼버무립니다. 하지만 이건 단순한 실수가 아니라 무의식이 의식의 틈을 뚫고 진짜 마음을 드러낸 순간입니다.

우리 마음에는 '의식'이라는 문지기가 있습니다. 이 문지기는 분노, 불안, 욕망 같은 부적절한 감정이 밖으로 새지 않도록 철저히 지킵니다. 하지만 문지기에게도 약점은 있습니다. 피곤하거나 긴장하거나 감정이 격해질 때, 문틈이 벌어집니다. 그때 무의식이 실언의 형태로 얼굴을 내밉니다.

앞서 본 것처럼, "풀죽지 마세요"가 아니라 "죽지 마세요"라고 말해버린 순간은 우연이 아닙니다. 평소 억눌렀던 적대감이 드러난 결과일 수 있습니다. 또는 연인에게 "당신과 있으면 편안해"라고 말하려다 "불안해"라고 말했다면, 그 관계에 대한 불안이나 거리감이 마음속에 숨어 있다는 신호입니다. 의식은 부정하지만, 무의식은 알고 있는 겁니다.

건망증도 마찬가지입니다. 정말 중요한 약속을 잊었다면 무의식은 그 자리에 가기 싫었을지 모릅니다. 이성으로부터 결혼식에 초대받았는데, 당일 신기하게도 결혼식을 완전히 잊어버립니다. 며칠 후 자신이 결혼식에 참석하지 않았다는 사실을 알게 됩니다. 이는 최근 저의 경험인데, 이런 행동 자체도 무의식의 일종일 수 있습니다. 저도 모르게 이성적인 감정이 있었던 것입니다. 싫어하는 사람의 이름이 기억나지 않는 것도 이유가 있습니다. 무의식이 그 사람과의 연결을 끊으려는 것입니다.

무의식은 우리의 진실한 내면을 보여줍니다. 당신 안의 또 다른 당신이 오늘 어떤 말을 했는지 한번 귀 기울여보세요. 그곳에 더 진솔하고 자유로운 자신이 숨어 있을지 모릅니다.

⑤

자꾸 잊어버리는 것들의 공통점
—
망각

"사소한 것들, 잘못된 행동과 증상적이거나 우발적인 행동들은 사람들이 생각하는 것처럼 무의미하지 않다. 그것들은 항상 의미를 지닌다."
– 지그문트 프로이트, 《일상생활의 정신 병리학》

우리는 일상에서 수많은 실수들을 반복하며 살아갑니다. 가까운 사람의 생일은 또 잊었는데, 별로 친하지 않은 동료의 생일은 종종 기억납니다. 열쇠를 엉뚱한 곳에 두거나, 약속 시간을 헷갈리고 중요한 서류를 잃어버리기도 합니다. 우리는 이런 일을 기억력 탓, 부주의 탓으로 넘깁니다. 하지만 특정한 사람이나 상황과 관련해 이런 실수가 반복된다면 단순한 부주의가 아닐 수 있습니다. 무의식의 영향일 수 있습니다.

망각, 건망증, 물건 분실과 같은 '깜빡하는 행동'은 무의식이 보내는 정교한 메시지일 수 있습니다. 겉으로는 "해야지", "가야지"라고 생각하지만, 마음 깊은 곳에서는 그 일을 피하고 싶어합니다. 이게 바로 '선택적 기억 상실'이라는 무의식의 회피 전략입니다.

의식이 통제하지 못하는 순간, 무의식은 말실수와 망각을 통해 진짜 마음을 드러냅니다. 댐에 균열이 생겨 물이 새어 나오는 것처럼 말입니다.

한 남성의 이야기입니다. 그는 3년 연속으로 아내의 생일을 잊었습니다. 첫 번째 해는 업무가 너무 바빠서, 두 번째 해는 갑작스러운 회식 때문이었습니다. 세 번째 해에는 더 이상 댈 핑계도 없었습니다. 그제야 그는 깨달았습니다. 자신이 정말로 잊고 싶었던 것은 생일이 아니라, 결혼 생활 그 자체였다는 것을.

더 흥미로운 것은 물건입니다. 왜 하필 헤어진 연인이 준 목걸이만 자꾸 없어질까요? 집 안 어디에도 없습니다. 마치 증발한 것처럼 말입니다. 심지어 새로 산 똑같은 목걸이도 일주일 만에 사라져 버렸습니다.

무의식은 보고 싶지 않은 건 시야에서 지우고, 기억하기 싫은 건 의식에서 삭제합니다. 다이어트 중인데 운동복을 어디 뒀는지 자꾸 잊어버린다면, 마음 어딘가에서 운동의 고통을 피하고 싶은 겁니다. 건망증은 그 마음의 반란일 수 있습니다. 물건을 잃어버리는 일도 마찬가지입니다. 헤어진 연인이 준 선물을 자주 잃어버린다면, 그 관계와 남아 있는 감정의 고리를 완전히 끊어내고 싶다는 무의식적 표현일지 모릅니다.

물론 모든 건망이 무의식의 신호는 아닙니다. 하지만 특정한 사람이나 상황과 관련하여 실수가 반복된다면 그 유형에 주목해야 합니다. "나는 언제, 누구와 있을 때 기억을 자주 잊어버릴까?" 이 질문 속에 진짜 감정이 숨어 있습니다. 실수를 책망하지 말고 대화의 기회로 삼아보세요. "내가 왜 이 약속을 계속 잊을까? 혹시 이 만남이 부담스러웠나?"라고 스스로에게 물어보는 것입니다.

단순한 실수일 수도 있습니다. 하지만 반복된다면 의심해보세요. 무의식은 거짓말하지 않습니다. 당신이 외면하려는 감정들이 이런 작은 실수로 드러나는 것입니다. 그러니까 다음에 또 "깜빡했다"고 말하기 전에 잠시 멈춰 생각해보세요. 정말 잊은 걸까요, 아니면 잊고 싶었던 걸까요?

⑥ 자아가 약한 사람의 특징

자아

"이드가 있던 곳에 자아가 있어야 한다."
– 지그문트 프로이트, 《새로운 정신분석 강의》

당신은 정말 자기 삶의 주인인가요? 아니면 감정에 휘둘리며 사나요? 우리는 마음은 하나라고 착각하며 살아갑니다. 생각해보세요. 눈앞에 있는 맛있는 피자를 참는다고 해서 우리는 피자를 싫어하는 건가요? 아닙니다. 다이어트 때문에 피자를 회피하는 것일 수 있습니다. 본심은 피자를 좋아합니다. 이중적인 마음이 있는 것뿐입니다. 이처럼 우리 마음에는 한 명이 아니라, 세 명의 주요 인물이 살고 있습니다.

가장 원초적인 쾌락을 추구하는 첫 번째 아이가 있습니다. 즉흥적인 쾌락만 좇는 어린아이 같은 '원초아(Id)'입니다. "지금 당장 이걸 해야겠어!"라고 떼를 씁니다. 그 반대편에는 "안 돼. 그건 옳지 않아!"라고 외치는 두 번째 아이가 있습니다. 완벽주의 도덕 선생님 '초자아(Superego)'가 있습니다. 그리고 이 둘 사이에서 현실적인 타협안을 제시하는 세 번째 아이가 있습니다. 지혜로운 중재자 '자아(Ego)'입니다. 원초아는 제멋대로인 어린아이이며, 초자아는 도덕 선생님입니다. 이 둘의 욕구를 중재하여 판결을 내려주는 것이 자아라고 생각하면 쉽습니다.

하지만 대부분 자아의 목소리는 너무 작거나 힘이 없습니다. 자아가 약한 사람은 감정이 밀려올 때마다 속수무책으로 흔들립니다. "체중 관리 중인데 또 야식을 먹어버렸다", "화를 참지 못하고 또 말을 함부로 했다"와 같은 경험이 반복됩니다. 반대로 자아가 너무 경직된 사람은 융통성이 없습니다. 모든 것을 계획대로 해야 하고, 계획이 조금만 틀어져도 극심한 불안에 빠집니다. 원초아와 초자아 둘의 중간을 조종하는 사람이 자아가 단단한 사람입니다.

건강한 자아는 유연하면서도 강인한 특성을 가집니다. 감정을 느끼되 휘둘리지 않습니다. 욕구를 인정하되 현실에 맞게 조절합니다. 원칙을 지키면서도 상황에 따라 적절히 적응합니다.

자아를 강화하는 첫 번째 방법은 자기 관찰입니다. 화가 날 때 잠시 멈추고 생각해보세요. '지금 내가 어떤 감정을 느끼고 있지? 이 감정이 어디서 왔지? 내가 정말 원하는 게 뭐지?' 끊임없이 자신에게 질문하는 습관을 기르세요.

두 번째는 선택의 힘을 기르는 것입니다. 화가 나더라도 충동적으로 행동하기 전에 잠시 멈춥니다. '내가 지금 어떤 선택을 하는 게 최선일까? 하루만 자고 생각해볼까? 아니면 1시간 뒤에 결정해볼까?' 의식적으로 결정하는 연습을 하세요. 작은 것부터 시작하면 됩니다.

세 번째는 자기 수용의 능력을 키우는 것입니다. 완벽하지 않은 자신을 그대로 인정하고 받아들이는 자기 수용입니다. 실수했더라도 스스로를 비난하지 마세요. "사람이니까 그럴 수 있지. 다음엔 더 잘해보자"라고 따뜻하게 말해주세요. 개선점을 생각하는 건 좋습니다. 하지만 "나는 왜 이 모양이지?"라며 자책하는 것은 스스로를 무너뜨리는 어리석은 행동일 뿐입니다. 강한 자아를 갖는다는 것은 자기 마음의 진정한 주인이 된다는 의미입니다. 감정의 노예가 되는 대신, 삶의 주도권을 쥐고 나아가는 사람이 되어보세요.

⑦

내 안의 야생동물

원초아

> "원초아는 혼돈, 끓어오르는 흥분으로 가득 찬 가마솥이다."
> – 지그문트 프로이트, 《자아와 원초아》

종종 성폭행 범죄를 저지르거나 도둑질을 하다가 감옥에 가는 사람을 보며 "왜 저러지?"라는 의문이 듭니다. 어떤 사람을 보면서 '참 동물적인 사람이다'라는 생각이 들고는 합니다. 이들은 원시 본능대로 살아가는 것처럼 보입니다. 이들과 마찬가지로 당신 안에는 길들여지지 않은 야생동물이 살고 있습니다. 바로 원초아라는 동물입니다.

원초아는 우리 정신의 가장 원시적인 영역입니다. 본능과 욕망이 모여 있는 자리입니다. 배고프면 먹고, 화가 나면 소리치고, 원하는 것이 있으면 지금 당장 손에 쥐고 싶어 합니다. 이 동물은 도덕이나 논리 따위는 신경 쓰지 않습니다. 과거도 미래도 없이 오직 지금, 이 순간의 쾌락만을 좇습니다. 원초아가 강한 사람은 몸에 나쁜 줄 알면서도 담배를 피우거나, 충동적으로 위험한 행동을 저지르기도 합니다.

원초아는 태어날 때부터 우리 안에 있었습니다. 배고프면 울고, 졸리면 잠들고, 불편하면 짜증을 내는 갓난아기의 모습이 바로 원초아입니다. 아이들이 때로 잔인하고 이기적으로 보이는 것도 원초아가 아직 길들여지지 않았기 때문입니다. 원초아가 강하고 윤리성이 낮은 사람들은 성폭행이나 범죄 등을 저지릅니다. 이는 그 자체로 악이라 할 수 있지만, 삶의 의지적 관점에서는 '살고자' 하는 의지가 강하다고도 표현할 수 있습니다.

하지만 원초아를 무조건 나쁘다고 여겨서는 안 됩니다. 원초아는 삶의 에너지원입니다. 사랑하고 싶은 충동, 성취하고 싶은 욕망, 살아가려는 의지가 모두 원초아에서 나옵니다. 원초아가 없다면 우리는 무기력하고 생기 없는 존재가 될 것입니다.

문제는 이 에너지를 다루는 방식입니다. 원초아를 무조건 억압하면 우울증이나 무기력에 빠질 수 있습니다. 반대로 원초아에 지배당하면 충동적이고 파괴적인 삶을 살게 됩니다. 원초아와 건강한 관계를 맺는 방법은 무엇일까요?

첫째, 자신의 욕망을 솔직하게 인정하세요. "나는 인간이기에 이런 욕구를 느낄 수 있다"고 받아들이세요.

둘째, 욕구는 인정하되 표현 방식을 현명하게 조절합니다. 화가 나서 누군가를 비난하거나 해를 입히는 대신, 집을 청소하거나 운동을 할 수 있습니다.

끝으로 욕구를 건강한 방식으로 해소합니다. 스트레스가 쌓이면 파괴적인 행동 대신 즐거움을 주는 활동을 찾는 것입니다. 맛있는 음식을 먹거나 좋아하는 음악을 듣거나 친구와 수다를 떨어보세요. 원초아에게도 적절한 만족을 줘야 합니다.

내 안의 야생동물을 길들이되 죽일 필요는 없습니다. 원초아는 생명력의 원천입니다. 모든 욕망을 억누르려 할 필요 없습니다. 원초아를 단순히 '나쁜 것'으로만 여기고 억압하면 삶은 금세 무미건조해지고 불행하게 느껴질 수 있습니다. 가끔은 즐겨도 괜찮습니다.

⑧ 완벽을 강요하는 내면의 목소리
—
초자아

> "초자아는 자아에게 '이렇게 되어야 한다'는 이상을 제시한다."
> – 지그문트 프로이트, 《자아와 원초아》

당신 머릿속에서 "이러면 안 돼", "더 완벽해야 해", "다른 사람들이 뭐라고 할까"라고 속삭이는 목소리를 들은 적이 있나요? 작은 실수에도 밤잠을 설치고, 다른 사람의 시선을 지나치게 신경 쓰는 자신을 발견할 때가 있습니다. 그 목소리의 주인공이 바로 초자아(Superego)입니다.

초자아는 부모와 사회에서 배운 도덕과 규칙이 내면화된 결과입니다. 어릴 때부터 들어온 "착한 아이가 되어야 한다", "최선을 다해야 한다", "남에게 피해를 주면 안 된다" 같은 가르침이 모여 만들어진 내면의 엄격한 심판관입니다. 내면에 있는 도덕 선생님 정도로 생각하면 쉽습니다. 이들은 24시간 우리의 행동을 감시하고 평가합니다.

이 심판자는 '양심'과 '이상적 자아'라는 두 가지 도구를 사용합니다. 양심은 "하지 말라"고 명령하며 행동을 통제하고 어겼을 때 죄책감을 유발합니다. 이상적 자아는 '~가 되어야 한다'는 완벽한 기준을 제시하며, 그에 미치지 못할 때 수치심과 무력감을 느끼게 합니다.

건강한 초자아는 우리가 사회적 존재로 살아가는 데 필요합니다. 책임감을 갖고 타인을 배려하도록 도와주니까요. 하지만 초자아가 너무 강하면 삶이 숨 막히기 시작합니다.

과도하게 발달한 초자아는 완벽주의자를 만듭니다. "100점이 아니면 의미 없어", "실수는 용납할 수 없어"라고 생각합니다. 조금이라도 기준에 못 미치면 극심한 자책과 수치심에 빠집니다. 다른 사람의 눈치를 지나치게 보고, 비판이 두려워 새로운 시도를 하지 못합니다. 마치 자신이 자신의 가장 혹독한 적인 것처럼 살아갑니다.

이런 상태가 지속되면 강박적인 행동으로 이어지기도 합니다. "혹시 문을 안 잠그고 왔나?", "손을 충분히 씻었나?" 같은 걱정이 끊이지 않습니다. 이런 불안과 우울은 삶의 즐거움을 앗아갑니다. 그렇다면 초자아와 건강한 관계를 맺으려면 어떻게 해야 할까요?

먼저, 내 안에서 울리는 비판적인 목소리를 알아차려야 합니다. 하루에 몇 번이나 자신을 비판하는지 살펴보세요. "내가 스스로에게 너무 가혹한가?"라는 질문을 던져보는 것입니다. 친한 친구가 실수했을 때 우리는 "괜찮아, 그럴 수 있어"라고 말해주지 않나요? 마찬가지로 자신에게도 같은 친절을 베풀어야 합니다. 하루에 다섯 번 자책한다면, 그것을 세 번으로 줄이는 것부터 시작해보세요.

또한 기준을 현실적으로 조정할 필요가 있습니다. "완벽하지 않아도 괜찮다", "실수는 누구나 한다"라는 말을 스스로에게 들려주세요. 100점을 받아야만 가치 있는 것이 아닙니다. 70점, 80점도 충분히 잘한 성과입니다.

그리고 자기 이해를 키워야 합니다. 실수했을 때 자책 대신 "누구나 실수할 수 있어. 이 경험을 통해 배우면 된다"고 말하는 습관을 들여보세요. 자신에게 화를 내는 대신, 따뜻한 격려와 위로를 건네는 것입니다.

이 세상에 완벽한 사람은 없습니다. 당신은 지금 모습 그대로 이미 충분히 괜찮은 사람입니다. 초자아의 과도한 요구에서 벗어나 자신을 있는 그대로 받아들일 때, 비로소 마음의 평안을 얻을 수 있을 것입니다.

… ⑨

왜 나는 강한 욕망을 가질까?
—
리비도

"리비도는 인간 정신의 모든 활동을 추진하는 근본적 생명 에너지다."
– 지그문트 프로이트, 《성욕에 관한 세 편의 에세이》

어떤 하루는 유난히 에너지가 넘칠 때가 있습니다. 반대로 어떤 날은 아무것도 하기 싫고 침대에서조차 일어나기 버겁습니다. 이런 기분의 기복을 경험하며 "나 왜 이러지?"라는 생각을 해본 적이 있으실 겁니다. 연인과 헤어진 뒤 일에 몰두하거나 스트레스를 폭식으로 달래거나 외로움을 쇼핑으로 채우는 것도 모두 같은 맥락입니다.

이 감정의 흐름은 '리비도(Libido)'라는 개념과 연결됩니다. 리비도는 흔히 성욕으로만 이해되지만, 사실은 삶을 이어가고 싶고 무언가를 이루고 싶은 원동력입니다. 쉽게 말해 '살아가고 싶은 에너지'라고 생각하면 됩니다. 그런데 이 에너지가 한쪽으로 치우치면 문제가 생깁니다.

예를 들어, 자기 자신에게만 몰두하면 "나만 중요하다"는 태도로 이어집니다. 반대로 남들만 챙기고 내 욕구는 늘 뒤로 미루면, 나 자신이 텅 비게 됩니다. 건강한 삶은 이 두 가지 사이에서 균형을 잡는 데서 시작됩니다. 나도 사랑하고, 타인도 사랑할 수 있어야 합니다.

리비도가 고갈되면 이전에 즐겁던 일도 시시해집니다. 새로운 것에 대한 호기심이 줄고 사람들과의 관계도 소원해집니다. 심하면 무기력과 우울로 이어질 수 있습니다. 또 다른 경우에는 리비도가 왜곡된 방향으로 흘러가기도 합니다. 술, 도박, 쇼핑, 게임에 과도하게 빠지거나, 반복적인 강박 행동에 매달리는 것이 그 예입니다.

그렇다면 어떻게 균형을 되찾을 수 있을까요?

우선, 지금 내 에너지가 어디에 쓰이고 있는지 점검해야 합니다. 무엇이 나에게 활력을 주고 무엇이 나를 소모시키는지 살펴보는 겁니다. 그다음에는 건강한 출구를 마련해야 합니다. 운동, 취미, 창작 활동, 봉사 같은 것들이 좋은 방법입니다. 작은 목표라도 세우고, 그 목표를 향해 에너지를 흘려보내면 방향을 잃었던 리비도가 제자리를 찾습니다. 하루 5분 걷기, 하루 5분 눈감고 생각하기 등 작은 목표를 세워보세요. 리비도의 충동에 휘둘리는 게 아니라, 차분히 본인과 대화하는 시간을 갖는 겁니다.

에너지는 유한한 자원이기에 재충전도 필수입니다. 규칙적인 운동, 충분한 수면, 균형 잡힌 식사가 기본입니다. 사랑하는 관계를 맺고, 자신에게 의미 있는 일을 할 때 리비도는 가장 자연스럽게 흐릅니다.

결국 핵심은 '균형'입니다. 자기 자신과 타인, 활동과 휴식, 몰입과 내려놓음 사이에서 중심을 잡을 때, 내면의 에너지는 더 풍성하게 흐릅니다. 이 에너지를 잘 다스릴 수 있다면, 당신의 삶은 지금보다 훨씬 창조적이고 충만해질 것입니다.

⑩

위험을 알리는 신호
—
불안

"불안은 자아가 위험을 감지했을 때 보내는 신호다."
– 지그문트 프로이트, 《억압, 증상, 그리고 불안》

밤에 잠들기 전, 이유 없는 두려움이 덮쳐올 때가 있습니다. "뭔가 나쁜 일이 일어날 것 같아"라는 막연한 불안이 가슴을 죄어오고, 다른 사람들은 대수롭지 않게 넘기는 상황에서도 심장이 요동치며 공황에 빠지기도 합니다. 물론 중요한 발표를 앞두고 긴장하는 건 자연스러운 반응입니다. 하지만 뚜렷한 이유도 없이 사소한 계기에 극심한 불안을 느낀다면, 이는 단순한 불쾌감을 넘어선 신호입니다. 불안은 우리 마음이 위험을 감지하고 보내는 경고음입니다.

현실의 위협에서 비롯된 불안도 있습니다. 사나운 개를 마주치거나, 지진이 일어나거나, 교통사고가 날 뻔했을 때처럼 외부 세계의 실제 위험을 감지할 때 생기는 반응입니다. 이때의 불안은 생존을 지켜주는 본능적이고 합리적인 감정입니다.

그러나 외부에 위협이 없음에도 불안이 몰려올 때가 있습니다. 이는 무의식 속 억눌린 욕망이나 충동이 의식을 뚫고 나올 것 같은 두려움에서 비롯됩니다. 사회적으로 용납되지 않는 욕망, 공격성, 혹은 감정이 새어 나올까 봐 자아가 스스로 경계하는 것입니다. 그래서 막연한 불안이나 공황 발작 같은 형태로 나타납니다.

또 다른 불안은 양심의 경고에서 생깁니다. "이런 생각을 하다니 나는 잘못된 사람이야"라는 자책과 죄책감이 대표적입니다. 내면의 도덕 기준, 즉 초자아가 자신을 꾸짖을 때 생기는 불안입니다.

우리의 자아는 이런 불안을 감당하기 위해 여러 방어기제를 동원합니다. 억압, 부정, 투사, 치환 같은 무의식적 전략들이 바로 그것입니다. 모두가 불안의 고통을 줄이고자 하는 마음의 움직임입니다.

불안을 완전히 없앨 필요는 없습니다. 우리를 도와주는 친구입니다. 적당한 불안은 위험을 알리고 대비하게 만드는 보호막이 되어주기도 합니다. 중요한 것은 불안을 무시하거나 적으로 여기지 않고, 그 메시지를 이해하는 일입니다. 지금 내가 두려워하는 것이 현실의 위험 때문인지, 억눌린 충동 때문인지, 아니면 지나치게 엄격한 내면의 기준 때문인지 구분하는 것부터 시작해야 합니다.

불안은 꼭 나쁜 게 아닙니다. 무의식적 신호일 수 있으며, 내 마음을 되돌아보는 계기를 줄 수 있습니다. 예를 들어, 여행을 너무 오랫동안 하다 보면 불안에 휩싸이게 됩니다. 사람들은 여행이 즐겁기만 할 거라 생각하지만, 막상 긴 시간 지내다 보면 불안에 휩싸입니다. 이는 무의식에서 '놀지만 말고 생산적인 일을 하고, 너무 본능에 취하지 말아라'라는 신호를 주는 겁니다. 또한, 새로운 인연을 만났는데 불안도가 높아진다면, 무의식이 '그 사람을 조심해. 상대가 거짓을 얘기하고 있어'라고 힌트를 주고 있는 걸지도 모릅니다.

불안을 느끼는 자신을 자책할 필요는 없습니다. 불안의 근원을 이해하면 자연스레 마음이 선명해집니다. "내가 지금 무엇을 두려워하고 있는가?", "이 불안이 나에게 전하려는 메시지는 무엇인가?"라고 스스로에게 물어보세요. 불안을 받아들이고 귀 기울일 때, 우리는 그것을 건설적으로 다루며 더 단단한 삶을 살아갈 수 있습니다.

⑪

무의식으로 가는 비밀 통로
—
자유연상

"환자는 마음에 떠오르는 것은 무엇이든, 아무리 사소하고 부적절해 보여도 말해야 한다."
— 지그문트 프로이트, 〈정신분석 기법에 관하여〉

자기 자신을 가장 깊이 이해하는 방법은 무엇일까요? 놀랍게도 생각하려는 노력을 멈추는 것입니다. 우리는 흔히 '생각한다'고 하면 논리적으로 분석하고 정리하는 과정을 떠올립니다. 하지만 우리는 생각을 '하는' 것이 아니라, 생각이 '떠오르게' 해야 합니다. 의식적인 통제와 계획을 내려놓고, 내면의 생각들이 자유롭게 뛰놀도록 허용하는 것입니다. 이 역설적인 방식이 바로 '자유연상(Free Association)'입니다.

조용하고 편안한 장소에 앉아 1분간 잠시 눈을 감고 머릿속을 들여다보세요. 지금 떠오르는 것은 무엇인가요? 예를 들어 '어머니'라는 단어를 떠올렸다고 해봅시다. 따뜻한 손, 익숙한 냄새, 혹은 잊고 지냈던 낯선 기억이 떠오를 수 있습니다. 그다음에는 어떤 생각이 이어지나요? 바로 이렇게 하나의 생각이 다른 생각으로 자연스럽게 흘러가도록 두는 것이 자유연상입니다.

놀라운 점은 이 단순한 과정을 통해 마음 깊숙한 곳에 숨어 있던 진짜 나를 만날 수 있다는 사실입니다. 평소에는 의식이 꼭꼭 숨겨두었던 진짜 감정들, 잊힌 줄 알았던 기억들이 불쑥불쑥 고개를 내밉니다. 이럴 땐 그저 검열 없이, 판단 없이, 떠오르는 모든 것을 따라가기만 하면 됩니다.

처음에는 어색하게 느껴질 수 있습니다. 우리는 평소 생각을 통제하고 정리하는 데 익숙하니까요. 하지만 조금씩 연습하다 보면 무의식의 놀라운 지혜를 경험하게 될 것입니다.

자유연상의 핵심 원칙은 단 하나입니다. 떠오르는 모든 것을 환영하세요. 좋든 나쁘든, 논리적이든 터무니없든 상관없습니다. "이 생각은 왜 떠올랐을까?", "이건 말이 안 되네", "나는 왜 이렇게 부정적이지?"라는 판단은 하지 마세요. 아무 생각이 떠오르지 않아도 괜찮습니다. 생각을 억지로 짜낼 필요는 없습니다. 그저 "아무것도 떠오르지 않는다"고 느끼는 것조차 하나의 시작이 될 수 있습니다.

자유연상을 연습할 때는 특정 단어나 주제에서 시작해보세요. 예를 들어 '어머니'라는 단어에서 출발하는 것입니다. 어머

→ 따뜻함 → 집 → 안전 → 숨기 → 비밀 → 두려움… 이렇게 생각의 사슬을 따라가다 보면 예상치 못한 내면의 연결고리를 발견하게 됩니다. 현재 겪고 있는 고민에서 출발해도 좋습니다. "나는 왜 사람들과 쉽게 친해지지 못할까?" 같은 질문을 던지고, 그 질문에서 자연스럽게 이어지는 생각과 감정을 자유롭게 탐험해보는 것입니다.

자유연상은 자신과 만나는 소중한 시간입니다. 하루 10~15분이라도 내면과 대화하는 시간을 가져보세요. 나도 몰랐던 내 무의식에 대해 조금씩 알아갈 수 있습니다. 그 속에서 지금껏 알지 못했던 진짜 자신을 만나게 될 것입니다.

⑫

의식과 무의식 사이의 문

—

전의식

"무의식은 자신을 억누르는 압력을 돌파해 의식으로 나아가거나 실제 행동을 통해 방출된다.
이 두 경우를 제외하면 다른 어떤 노력도 하지 않는다."

– 지그문트 프로이트, 《쾌락 원칙을 넘어서》

"왠지 저 사람은 신뢰가 안 가."

"뭔가 찜찜해."

"이유는 모르겠지만 불안해."

살다 보면 이런 직감을 느낄 때가 있습니다. 논리로는 설명할 수 없지만, 마음 한구석에서 울리는 작은 경고음 같은 감각입니다.

우리 마음에는 의식과 무의식 사이를 잇는 보이지 않는 문이 있습니다. 평소에는 굳게 닫혀 있지만, 문득 열릴 때가 있죠. 그 문을 열어주는 열쇠가 바로 '전의식(Preconscious)'입니다. 전의식은 의식도, 무의식도 아닌 그 사이의 흐릿한 공간입니다. 평소에는 잘 드러나지 않지만, 주의를 기울이면 떠오르는 기억, 설명하기 힘든 감정, 막연한 직감이 바로 이 영역에서 올라옵니다. 전의식의 신호는 무의식이 의식에게 건네는 중요한 메시지라 할 수 있습니다.

이 신호를 잡으려면 먼저 몸의 감각을 살펴야 합니다. 불안할 때 심장이 두근거리는지, 긴장할 때 어깨가 뭉치는지 관찰해보세요. 마음은 때때로 자신을 속이지만 몸은 언제나 정직합니다. 작은 신체 반응은 무의식이 보내는 초인종 같은 역할을 합니다.

감정의 미묘한 변화도 주목해야 합니다. "방금까지 괜찮았는데 갑자기 우울해졌어." "별일 아닌데 왜 이렇게 짜증이 나지?" 이런 순간은 무의식의 내용이 의식 위로 잠시 떠오른 흔적일 수 있습니다. 그 감정을 억누르지 말고, 호기심을 가지고 바라보는 태도가 필요합니다.

직감 또한 소중히 다뤄야 합니다. "이건 뭔가 아닌 것 같아." "왠지 꺼림칙해." 설명할 수 없더라도 무시하지 마세요. 직감은 때로 경험과 기억이 무의식적으로 조합되어 나오는 결과물입니다. 논리보다 먼저 위험을 감지하는 본능적인 레이더라고 할 수 있습니다.

예술적 활동은 전의식을 탐색하는 좋은 도구입니다. 그림을 그리거나, 춤을 추거나, 노래하고 시를 쓰는 행위는 의식의 검열을 비껴가며 무의식의 내용을 자연스럽게 드러냅니다. 명상이나 깊은 이완도 마찬가지입니다. 마음이 고요해지고 생각이 잠잠해질 때, 내면의 미세한 신호가 더 또렷이 들립니다.

다만 무의식을 억지로 끌어내려 해서는 안 됩니다. 무의식은 억압이나 재촉을 받으면 오히려 더 깊숙이 숨어버립니다. 수줍은 아이를 대하듯 부드럽게 기다려야 합니다. 떠오른 생각과 감정을 성급히 분석하거나 평가하지 말고, 있는 그대로 두는 것이 좋습니다. 그 의미는 시간이 흐른 뒤 서서히 이해해도 늦지 않습니다.

무의식은 우리의 적이 아닙니다. 그 안에는 사회가 허락하지 않아 눌려 있던 욕망, 오래된 기억, 표현되지 못한 감정이 잠들어 있을 뿐입니다. 이를 하나씩 꺼내 마주하고 다루는 과정은 때로는 고통스럽지만, 결국 더 단단한 자아를 만들어줍니다. 어쩌면 이것이 우리가 평생 짊어져야 할 숙제이자 성장의 길인지도 모릅니다.

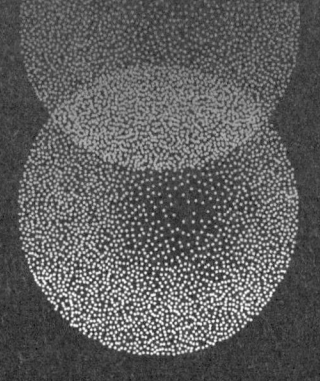

2장

상처받지 않기 위해 나는 무슨 짓까지 하는가
방어기제

⑬

현실을 외면하고 싶을 때
—
부정

"부정에서는 고통스러운 현실을 믿거나 인식하기를 거부한다."
– 안나 프로이트, 《자아와 방어기제》

"아니야, 이건 진짜가 아니야."

병원에서 나쁜 소식을 들었을 때, 사랑하는 사람과 이별했을 때, 돌이킬 수 없는 실패를 마주했을 때. 우리 마음이 가장 먼저 보이는 반응입니다. 마치 눈을 감으면 무서움이 사라질 거라고 믿는 어린아이처럼요.

부정은 마음의 가장 원시적인 보호막입니다. 너무 충격적이고 고통스러운 현실을 받아들일 준비가 되지 않았을 때, 아예 그러한 현실은 없다고 여기는 것입니다.

한 남성이 말기 암 진단을 받습니다. "의사가 틀렸을 거야. 나는 괜찮아"라고 말합니다. 아내의 불륜 증거를 발견한 남편은 "그럴 리 없어. 오해일 거야"라고 말합니다. 심지어 가족을 잃고도 "곧 돌아올 거야. 다 거짓이야"라고 믿기도 합니다.

눈앞의 사실을 외면하는 이유는 무엇일까요? 현실이 너무 고통스러워서 견딜 수 없기 때문입니다. 마음이 그 고통을 감당할 준비가 되어 있지 않으면 일시적으로 현실을 차단합니다. 마치 정신적 마취제 같은 역할을 하는 겁니다. 또한 자아를 보호하기 위해서입니다. 현실을 받아들이면 자신의 세계관이나 정체성이 무너질 수 있을 때, 부정으로 자아를 지키려 합니다. 절망감을 피하려는 마음 때문이기도 합니다. 희망이 완전히 사라지지는 않게, 작은 희망이라도 붙잡으려는 겁니다.

이러한 태도는 단기적으로는 도움이 될 수 있습니다. 급작스러운 충격으로부터 마음을 보호하고, 현실을 받아들일 시간을 벌어주니까요. 하지만 부정이 계속되면 문제가 생깁니다. 현실을 외면하면 제대로 대처할 수 없습니다. 진단을 부정하면 병이 악화되고, 관계의 문제를 부정하면 갈등이 더 커집니다.

무엇보다 부정은 엄청난 정신적 에너지를 소모합니다. 현실을 계속 차단하려면 무의식이 엄청난 노력을 기울여야 하거든요. 이로 인해 만성 피로, 우울감, 불안이 생깁니다.

그렇다면 부정은 어떻게 다루어야 할까요? 먼저 부정하고 있는 자신을 인정해주세요. "내가 지금 현실을 받아들이기 힘들어서 부정하고 있구나"라고 알아차리는 것만으로도 의미가 있습니다. 이때 스스로를 탓할 필요는 없습니다. 시간이 지나면 그 마음을 짧게 기록해보는 것도 좋습니다. 그렇게 작은 연습들이 이어질 때, 현실을 마주하는 힘은 서서히 길러집니다.

슬픔이나 분노, 두려움 같은 감정은 억누르기보다 안전한 방식으로 표현될 때 마음이 한결 가벼워집니다. 아이 앞에서 눈물이 날 때는 "엄마도 속상할 때가 있단다"라고 솔직하게 말하는 것, 친구에게 "요즘은 조금 불안해"라고 털어놓는 것, 이런 순간들이 자연스럽게 현실을 수용하는 연습이 되기도 합니다.

부정은 마음이 스스로를 지키려는 자연스러운 반응입니다. 하지만 영원히 머물러야 하는 곳은 아닙니다. 처음에는 두렵고 불편할 수 있지만 조금씩 현실을 받아들이는 게 진짜 성장의 시작입니다.

⑭

내 문제를 남 탓으로 돌리기
—
투사

"투사에서는 고통스러운 충동이 다른 사람에게 귀속된다."
– 안나 프로이트, 《자아와 방어기제》

"저 사람이 나를 미워해." "사람들이 다 나를 욕하고 있어." 혹시 누군가에게서 이런 말을 들어본 적이 있나요? 그럴 때 한 번쯤 의심해볼 필요가 있습니다. 이들은 실제로는 자기 자신의 마음을 다른 사람에게 투사하고 있을지 모릅니다.

친구와 카페에서 마주 앉아 있습니다. 친구가 조금 피곤해 보이는데 갑자기 "얘가 나한테 화가 났나?"라는 생각이 듭니다. 하지만 정작 화가 난 건 자신일 수도 있습니다. 직장 동료가 차갑게 느껴질 때도 마찬가지입니다. 사실은 내가 그를 질투하고 있을지도 모릅니다.

투사(Projection)는 받아들이기 힘든 감정이나 생각을 다른 사람에게 떠넘기는 심리 작용입니다. 쉽게 말해, 내가 받아들이기 어려운 내 모습을 남의 것처럼 착각하는 겁니다.

한 사람이 부자를 보며 말합니다. "저 사람은 분명 나쁜 짓으로 돈을 벌었을 거야. 나는 저렇게 돈에 집착하며 살지 않을 거야." 그런데 알고 보면, 그는 매달 월급이 오르길 바라며 불만을 터뜨리는 사람입니다. 자신의 욕망이나 집착은 외면하고 오직 타인에게서 부정적인 감정을 발견하려 할 때, 우리는 이를 '투사'라고 부릅니다. 왜 우리는 투사를 하게 될까요? 세 가지 이유가 있습니다.

첫째, 자신의 어두운 면을 인정하기 어려워서입니다. 모든 사람에게는 선함과 악함, 사랑과 미움이 함께 있습니다. 하지만 과거의 상처 때문에 그 어두운 면을 받아들이기 어려우면, 이를 다른 사람에게 떠넘깁니다.

둘째, 자아상을 보호하기 위해서입니다. 나는 착한 사람이라는 이미지가 흔들리는 것이 두렵습니다. 그래서 내 나쁜 감정을 남의 것이라고 여기게 됩니다.

셋째, 통제감을 얻기 위해서입니다. 자신을 들여다보는 것은 어렵고 아픕니다. 반면 남을 비판하는 것은 쉽고 우월감을 느끼게 합니다.

투사는 여러 형태로 나타납니다. 감정의 투사가 가장 흔합니다. 자신이 화났는데 '상대방이 화를 내고 있다'고 느끼거나 자신이 불안한데 '상대방이 불안해한다'고 생각합니다. 투사는 성격이나 가치관의 영역에서도 나타납니다. 자신이 이기적인데 "다른 사람들이 이기적이다"라고 말하거나, 자신이 거짓말을 하면서 "사람은 믿을 수 없다"고 합니다. 의도나 동기의 투사도 빈번하게 일어납니다. "저 사람은 나를 해치려고 한다", "모든 사람이 나를 질투한다"처럼 자신의 적대감이나 경쟁심을 다른 사람에게 씌웁니다.

문제는 여기서 시작됩니다. 투사는 현실을 왜곡합니다. 상대의 본래 모습을 보지 못하고, 내 감정을 덧씌운 채 해석합니다. 관계도 악화시킵니다. 상대가 하지도 않은 말을 했다고 오해하거나, 없는 감정을 있다고 착각하게 됩니다. 이는 불필요한 갈등을 만듭니다. 그리고 무엇보다 자기 성장을 방해합니다. 내 문제를 남 탓으로 돌리면 해결도 발전도 이루어지지 않습니다.

투사를 줄이는 방법은 의외로 단순합니다. 먼저 자신의 판단을 의심해보세요. "내가 저 사람에 대해 강하게 느끼는 감정이 혹시 내 모습은 아닐까?"라고 자문해보는 것입니다. 자신의 어두운 면도 인정하세요. 완벽한 사람은 없습니다. 자신의 부정적인 감정이나 특성도 인간적인 면으로 받아들이세요. 감정을 직접 표현하는 것도 도움이 됩니다. "나는 지금 화가 나", "나는 질투를 느끼고 있어"라고 솔직하게 인정하고 표현하는 거죠.

다른 사람의 관점을 듣는 것도 중요합니다. 자신의 해석이 맞는지 직접 확인해보거나 제삼자의 의견을 구해보세요. 일기 쓰기, 명상, 상담 등을 통해 내면을 들여다보는 것도 도움이 됩니다.

투사를 인식하고 줄여나갈 때, 현실을 더 정확히 보고 건강한 관계를 맺을 수 있습니다. 자신의 모습을 다른 사람에게서 찾지 말고, 용기 있게 내면을 들여다보세요. 그 안에서 진정한 성장이 시작됩니다.

⑮

그럴 듯한 변명 만들기

—

합리화

"환자들은 자신의 행동에 대해 논리적인 변명을 만들어내는 놀라운 능력을 보인다."
– 안나 프로이트, 《자아와 방어기제》

혹시 무언가에 실패하고 나서 "사실 별로 원하지도 않았어"라고 혼잣말한 적이 있나요? 승진에서 밀렸을 때 "사실 나는 책임지는 자리보다 자유로운 위치가 더 좋아"라고 중얼거린 적은요?

이솝 우화 속 여우는 포도나무에 먹음직스럽게 열린 포도를 봅니다. 그러나 손이 닿지 않자 "저 포도는 분명 실 거야"라고 말하며 등을 돌립니다. '능력이 부족해서'라는 아픈 진실 대신, '원래부터 가치 없는 것이었어'라는 그럴듯한 이유를 만들어내죠. 이것이 바로 합리화(Rationalization)입니다.

합리화는 받아들이기 어려운 행동이나 감정에 대해 그럴듯한 이유를 만들어내는 방어기제입니다. 진짜 동기는 인정하기 어려우니까 사회적으로 용인될 만한 설명을 만들어내는 겁니다. 이런 설명은 논리적으로 들리기 때문에 본인도 속아 넘어가기 쉽고, 때로는 주변 사람들까지 납득하게 만들기도 합니다. 하지만 겉으로는 그럴듯해 보여도 실제 동기와는 거리가 있을 수 있습니다.

우리가 이런 방식을 쓰는 가장 큰 이유는 자존감을 지키려는 마음과 관련이 있습니다. 실패를 인정하면 자존심이 상하니 다른 이유를 만들어 자아상을 보호하려는 것입니다. 또한 분노나 질투, 두려움 같은 불편한 감정을 정면으로 마주하기보다 이해받을 수 있는 이유로 바꿔 표현하는 것이 더 안전하게 느껴지기도 합니다.

합리화는 순간적으로는 위안을 줍니다. 마음이 덜 상하고, 다시 일상으로 돌아갈 힘을 얻기도 합니다. "사실 그 일은 나와 잘 맞지 않았어"라는 말은 실패의 쓰라림을 잠시 누그러뜨려 주지요. 그러나 이런 방식이 습관이 되면 문제가 커집니다. 반복해서 이유만 바꾸다 보면 결국 자신이 무엇을 진짜로 원했는지를 놓치게 됩니다. 과제를 끝내지 못했을 때 "시간이 너무 짧았어"라는 말로만 넘기면, 실제로는 계획과 실행을 관리하는 힘이 부족했다는 사실을 돌아볼 기회를 놓치게 됩니다. 연인과 갈등을 겪은 뒤 "원래 저런 성격이라 어쩔 수 없어"라고 합리화하면, 정작 마음속 불안이나 서운함은 해소되지 않습니다. 친구의 성공 소식을 듣고 "나는 원래 그런 건 바라지 않아"라고 말할 때도, 속으로는 인정받고 싶고 뒤처지기 싫은 마음이 숨어 있을 수 있습니다.

물론 이런 자기 위안이 언제나 해롭다고 말할 수는 없습니다. 잠깐은 상처를 달래는 완충 장치가 되기도 하고, 다시 움직일 수 있는 기운을 주기도 합니다. 하지만 늘 같은 방식으로만 감정을 처리하면 문제의 원인을 직면할 기회를 놓치게 됩니다. 실수나 부족함을 인정해야 개선할 수 있습니다. 합리화로 덮어버리면 성장의 문턱 앞에서 발걸음을 멈추게 되는 것입니다.

그래서 필요한 것은 화려한 기법이 아닙니다. 스스로에게 솔직해지는 태도입니다. 당신은 어떤 합리화를 자주 하시나요? "내가 지금 하는 설명이 진짜 이유일까? 다른 이유는 없을까?"라고 자문해보세요. "괜찮아, 난 원래 이런 사람이야"라고 얼버무리기보다 속상함이나 질투심 같은 불편한 감정을 있는 그대로 받아들이는 것이 시작이 될 수 있습니다. 작은 불편함을 인정하는 순간, 합리화의 가면 뒤에 가려져 있던 마음이 조금씩 드러납니다. 그렇게 마주한 감정은 더 이상 나를 흔드는 낯선 적이 아니라 다룰 수 있는 나의 일부가 됩니다.

⑯

청개구리처럼 삐딱하게 사는 심리

반동형성

"반동형성에서는 자신의 실제 감정과 정반대되는 방식으로 행동한다."
– 안나 프로이트, 《자아와 방어기제》

사람들은 종종 이런 대사를 합니다. "난 그 사람 관심도 없어." 그런데 그 사람 이야기만 나오면 유독 격렬하게 반응합니다. 너무 무관심한 척하다 보니 오히려 더 티가 나죠. 또 다른 예도 있습니다. 직장 동료가 뒤에서 자신을 험담했다는 사실을 알게 됐습니다. 화가 나지만 그 감정을 인정하고 싶지 않아서 "그는 좋은 사람이야. 오해였을 거야"라고 더욱 친절하게 대합니다.

반동형성(Reaction Formation)은 받아들이기 어려운 감정이나 충동을 정반대로 바꿔 표현하는 방어기제입니다. 자석의 N극과 S극처럼 원래 감정을 180도 뒤집는 것입니다.

어머니가 아이에게 지나치게 과보호적인 경우도 반동형성의 예가 될 수 있습니다. 무의식적으로 아이가 부담스럽거나 자신을 자유롭게 못하게 한다는 느낌을 받지만, 어머니로서 그런 감정을 인정하기 어렵습니다. 그래서 정반대로 극도의 사랑과 관심을 과도하게 보이는 형태로 반동형성을 드러냅니다.

왜 이런 일이 일어날까요? 사회적으로나 도덕적으로 받아들여지지 않는 감정을 느낄 때, 이를 반대로 바꿔서 안전하게 표현하려 합니다. "나는 그런 사람이 아니야"라는 이미지를 유지하기 위해 정반대의 행동으로 자신을 증명하려 하죠. 금지된 충동이 의식에 떠오르는 것 자체가 불안하기 때문에 정반대의 행동으로 그 불안을 차단하려고 합니다.

가장 큰 특징은 과도함입니다. 진짜 감정이라면 적당한 수준에서 나타나지만 반동형성은 지나치게 강렬하고 경직되어 있습니다. "나는 정말로 이런 사람이야"라고 과도하게 증명하려는 것과 같습니다. 상황이 바뀌어도 융통성 있게 조절하지 못하고 한 가지 패턴만 고집하는 경우가 많습니다.

문제가 되는 점은 진짜 감정을 알 수 없게 된다는 것입니다. 자신의 진정한 마음이 무엇인지 혼란스러워집니다. 억지로 만든 감정은 진정성이 부족해 다른 사람들이 느낍니다. 계속 반대의 감정을 유지하는 것은 심리적으로도 큰 부담을 줍니다.

반동형성을 줄이려면 어떻게 해야 할까요? 자신의 과도한 반응을 관찰해보는 게 도움됩니다. "내가 이 주제에 대해 지나치게 반응하는 이유가 뭘까?" 이렇게 자문하는 순간, 단순한 불편함이 아니라 그 뒤에 숨어 있는 마음이 조금씩 드러납니다. 누군가의 말 한마디에 과하게 화가 난다면 그 안에는 과거에 충분히 인정받지 못했던 기억이 겹쳐 있을 수도 있습니다. 혹은 사소한 실수를 크게 부끄러워한다면 완벽해야만 사랑받을 수 있다고 배웠던 흔적이 남아 있는지도 모릅니다.

한 사람이나 한 상황에서 상반된 감정을 동시에 느끼는 건 아주 자연스러운 일입니다. "나는 왜 이렇게 모순적이지?"라고 자책하기보다 불완전한 내 모습 그대로도 괜찮다고 받아들이는 것이 첫걸음입니다. 완벽할 필요는 없으니까요.

결국 반동형성 같은 방어는 마음을 지키려는 장치일 뿐, 언젠가는 그 너머의 길로 나아가야 합니다. 작은 실망이나 서운함 앞에서 애써 태연하게 넘기려 하기보다, 속상했다는 사실을 마음속에서 인정하는 편이 낫습니다. 그러면 감정은 불필요한 공격으로 번지지 않고, 그 밑에 숨어 있던 이해받고 싶은 마음이 드러납니다. 이렇게 감정을 왜곡하지 않고 바라보는 작은 시도가 쌓일 때, 방어 뒤에 가려졌던 진짜 마음과 마주할 수 있습니다.

⑰ 어린아이로 되돌아가는 심리

퇴행

"스트레스 상황에서 개체는 이전의 유아기적 발달 단계로 되돌아간다."
– 지그문트 프로이트, 《정신분석학 입문 강의》

새로운 회사에 첫 출근을 하는 날, 이유 없이 어머니에게 전화를 걸고 싶어질 때가 있습니다. 마음이 지치는 날이면 어린 시절이 불쑥 떠오르기도 합니다. 병원에 입원한 환자들이 평소보다 더 의존적으로 변해 어린아이처럼 행동하는 것도 같은 맥락입니다. 몸이 아프고 불안할수록 더 안전했던 시절로 돌아가고 싶어지는 것입니다. 성인이 되어서도 중요한 결정을 혼자 내리지 못하고 누군가에게 의존하려는 것도 마찬가지입니다.

큰 스트레스를 받았을 때 갑자기 어린아이처럼 행동하고 싶어진 경험이 있나요? 퇴행(Regression)은 현재의 스트레스나 갈등을 견디기 어려울 때, 정신적으로 이전 발달 단계로 되돌아가는 방어기제입니다. 시간을 거슬러 더 안전했던 과거로 도피하는 심리적 과정입니다.

퇴행이 일어나는 이유는 무엇일까요? 성인으로서 맡아야 하는 책임과 역할이 너무 무겁게 느껴지면, 책임이 없던 과거로 돌아가고 싶은 마음이 생깁니다. 어린 시절에는 부모가 모든 것을 해결해주고 보호해줬던 기억이 있거든요. 어려운 상황에서 그런 보호받는 느낌을 다시 경험하고 싶어 합니다. 어린아이처럼 행동하면 다른 사람들이 더 관심을 보이고 도움을 줄 것이라는 무의식적 계산이 작동하기도 합니다.

표현 방식은 다양합니다. 말투나 행동이 어린아이처럼 변하는 행동적 퇴행, 감정 조절 능력이 떨어져서 쉽게 울거나 화를 내는 감정적 퇴행이 있어요. 복잡한 문제를 흑백논리로 단순화하는 인지적 퇴행도 있습니다. 스트레스를 받으면 잠을 더 많이 자거나 몸을 웅크리고 싶어 하는 신체적 퇴행도 있습니다.

퇴행이 항상 나쁘지만은 않습니다. 일시적인 퇴행은 마음의 회복을 위한 휴식이 될 수 있습니다. 힘든 날 이불을 뒤집어쓰고 하루 종일 잠만 자는 것도, 잠깐은 심리적 균형을 회복하는 데 도움이 됩니다. 그러나 그 상태에 오래 머물면 문제가 됩니다. 계속 어린아이처럼 회피하고 의존한다면, 책임과 관계를 제대로 감당할 수 없게 됩니다.

스스로에게도 물어볼 수 있습니다. "내가 요즘 평소보다 의존적인가?"라고 점검해보세요. 왜 내가 어린아이가 되고 싶은지 그 이유를 찾는 게 중요합니다. 현재 스트레스나 두려움이 있는지 살펴보는 것입니다. 퇴행의 신호를 알아차리는 것만으로도 절반은 해결된 셈입니다.

이와 같은 심리적 후퇴는 '내가 지금 힘들다'는 신호입니다. 잠시 아이처럼 굴어도 괜찮고, 누군가에게 기대도 괜찮습니다. 하지만 그 자리에 머물지 않는 것, 그리고 다시 성장의 자리로 돌아오는 것이 더 중요합니다.

⑱

만만한 사람에게 화풀이하는 이유
—
치환

"잠재몽에서 중심이었던 감정적 강조점이 현재몽에서는 사소한 요소로 옮겨 간다."
– 지그문트 프로이트, 《꿈의 해석》

직장에서 상사에게 혼났는데 집에 와서 가족에게 화를 냅니다. 연인과 싸웠는데 친구에게 갑자기 화풀이합니다. 어머니와 통화한 후 기분이 나빠졌는데 정작 화는 동생에게 냅니다. 진짜 문제는 다른 곳에 있는데 감정이 엉뚱한 곳에서 폭발합니다.

치환(Displacement)은 특정 대상에게 향해야 할 감정이나 충동을 다른 대상으로 옮기는 마음의 방어기제입니다. 전기가 저항이 적은 쪽으로 흐르듯이 감정도 더 안전한 대상을 향해 흘러가는 것입니다.

왜 이런 일이 일어날까요? 주된 이유는 감정의 원래 대상이 너무 위험하거나 강력하기 때문입니다. 가령 상사에게 화를 냈다가는 일자리를 잃을 수 있고, 부모에게 분노를 표출하면 관계가 틀어질 수 있습니다. 이처럼 직접 표현하기 부담스러운 감정을 자신도 모르게 더 안전한 대상에게 돌리는 것이죠.

때로는 누군가를 아끼고 사랑하기 때문이기도 합니다. 정말 중요한 사람에게 화를 내고 싶지 않을 때, 덜 중요한 사람에게 감정을 쏟아냅니다.

마지막으로 그 감정 자체가 사회적으로 금기시될 때도 있습니다. 부모를 미워하거나 배우자를 싫어하는 마음은 사회적으로 용납되기 어렵기에, 전혀 다른 대상에게 그 감정을 돌려 해소하는 것입니다.

그러나 치환은 다음과 같은 문제를 초래합니다. 우선 진짜 갈등이 해결되지 않습니다. 엉뚱한 곳에서 감정을 풀어도 원래 문제는 그대로 남아 있습니다. 무고한 사람이 피해를 입고 중요한 관계들이 손상될 수 있습니다. 근본 원인을 해결하지 않으면 같은 패턴이 반복되기도 합니다.

강한 감정이 올라올 때는 잠시 멈춰보는 것이 도움이 됩니다. 감정의 진짜 출처를 찾아보세요. "내가 지금 느끼는 이 감정이 정말 이 사람 때문일까? 혹시 다른 원인이 있지 않을까?" 잠시 멈춰서 "이 감정을 어디에 어떻게 표현하는 게 좋을까?"를 생각해보세요.

치환 자체가 나쁜 것만은 아닙니다. 때로는 감정을 우회하는 방식이 관계를 지켜주기도 합니다. 하지만 무의식적으로 반복되면 소중한 사람을 상처 입힐 수도 있습니다. 궁극적으로는 감정을 어디에, 어떻게 표현할지를 조금 더 의식적으로 선택하는 연습이 필요합니다. 헛헛함을 친구에게 짜증으로 풀어내는 대신 대화로 털어놓는다든지, 분노를 무고한 가족에게 퍼붓는 대신 달리기나 글쓰기에 쏟아내는 식입니다. 그렇게 하면 치환은 단순한 회피가 아니라 감정을 조절하는 능력으로 한층 더 성숙해질 것입니다.

⑲

두려움을 이기는 방법
—
공격자와의 동일시

"고통을 피하려는 시도에서, 자아는 종종 자신을 위협하는 외부 세계의 일부와 동일시한다."
– 안나 프로이트, 《자아와 방어기제》

집단 따돌림을 당했던 피해자가 어느새 가해자 무리에 섞여 있는 모습을 본 적이 있나요? 혹은 자신이 싫어했던 부모의 말투와 행동을 성인이 되어 그대로 따라 하는 사람을 본 적이 있을 것입니다. "내가 제일 싫어했던 사람을 닮아가고 있어"라며 스스로 놀라는 경우도 있죠. 이 현상은 단순히 '나쁜 습관이 배었다'는 말로 설명되지 않습니다. 마음이 두려움으로부터 자신을 지키기 위해 만든 절박한 생존 전략이기 때문입니다. 바로 공격자와의 동일시(Identification with the Aggressor)입니다.

공격자와의 동일시는 압도적인 두려움과 무력감에 직면했을 때, 그 위협의 원인인 공격자처럼 되려는 방어기제입니다. '매 맞는 아이'에서 '매 드는 아버지'가 됨으로써 더 이상 두려운 대상이 아닌 힘의 주체가 되려는 무의식적 시도입니다. 수동적인 피해자의 위치에서 능동적인 가해자의 위치로 자신을 옮겨놓아 불안을 통제하려는 것입니다. 예를 들어 직장에서 괴롭힘을 당하던 직원이 관리자가 된 후 똑같은 방식으로 부하 직원을 다루는 경우가 있습니다.

왜 우리는 두려움의 대상과 닮아가려 할까요? 첫째, 상황에 대한 통제감을 되찾기 위해서입니다. 당하고만 있는 상황은 고통스럽습니다. 하지만 위협을 가하는 쪽이 되면 상황을 통제할 수 있을 거라는 착각이 생깁니다. 둘째, 표적이 되지 않기 위해서입니다. "나도 그들처럼 행동하면 적어도 공격당하진 않겠지." 이런 무의식적인 계산이 작용합니다.

하지만 이 방어기제에는 큰 대가가 따릅니다. 자신이 가장 싫어했던 사람처럼 행동하며 진짜 자아를 잃어버리게 됩니다. 자기혐오가 깊어지고, 결국 폭력과 학대가 빈번한 세상에 살게 됩니다. 특히 어린 시절에 이런 동일시가 일어나면 성인이 되어서도 그 패턴을 무의식적으로 반복합니다.

자신의 모습에서 과거 자신을 괴롭혔던 누군가의 그림자를 발견한다면, 그게 어린 시절 두려움에서 비롯된 생존 전략이었음을 이해해야 합니다. 그리고 이제는 그 전략이 더 이상 필요하지 않다는 사실을 인식해야 합니다.

    과거의 당신은 약하고 무력했지만 현재의 당신은 스스로를 지킬 힘과 선택권이 있습니다. 더 이상 '공격자처럼 굴어야 안전하다'는 전략은 필요 없습니다. "나는 왜 이런 행동을 하는 걸까?" "이 말투는 누구를 닮은 것일까?" "내가 무의식적으로 따라 하고 있는 사람이 있을까?" 이런 질문들을 통해 자신을 관찰해보세요. 진짜 자신을 되찾는 첫걸음은 그 동일시를 알아차리고, 멈추기로 결심하는 것입니다. "진짜 나는 누구일까?" 이 질문이 당신을 자유롭게 해줄 겁니다. 이제는 두려움에서 벗어나기 위해 자신을 속이지 않아도 됩니다.

⑳

슬픈데 슬프지 않다는 착각
—
분리

"분리에서는 감정과 사고가 분리되어 사고는 남아 있지만 그에 수반되어야 할 감정은 제거된다."
– 안나 프로이트, 《자아와 방어기제》

정말 사랑했던 연인과 헤어지는 순간 죽도록 슬플 것 같았지만 이런 생각이 문득 듭니다. "원래 사람은 이별하는 법이지." 어머니가 세상을 떠났는데도 "이상하게 슬프지 않다. 그저 일어난 일일 뿐"이라고 말하는 자신이 이상하게 느껴지기도 합니다. 겉으로는 냉정해 보이지만, 방어기제가 작동한 겁니다. 실제로는 감당하기 힘든 고통으로부터 자신을 지키려는 마음의 작용입니다.

분리(Isolation)는 받아들이기 힘든 사건이나 기억에서 '사실'만 남기고 감정은 차단하는 방어기제입니다. 마치 TV 화면은 켜두고, 음소거를 해둔 것과 같습니다. 이 과정은 감정이 너무 강하게 몰려올 때 자동으로 일어납니다. 한 번에 느끼기에는 너무 큰 슬픔, 공포, 분노가 밀려올 때 마음이 스스로를 보호하기 위해 감정을 차단해버리는 것입니다.

응급실 의사는 교통사고 환자를 치료할 때 '아, 아프겠다… 어머니가 걱정하실 텐데…' 같은 사적인 감정에 휩싸이지 않습니다. 그리고 오직 객관적 판단에 집중합니다. 이는 분리가 생존을 위해 작동하는 순간입니다. 사회적 압력도 분리를 강화합니다. "남자는 울면 안 된다", "리더는 항상 냉정해야 한다", "감정적이지 마", "이성적으로 생각해" 같은 메시지를 자주 들으며 자란 사람들은 분리 패턴이 더 강하게 나타날 수 있습니다.

분리는 여러 형태로 나타납니다. 지적 분리는 사건을 오로지 이성적으로만 분석하는 방식입니다. "이런 일이 일어날 확률은 통계적으로…"처럼 모든 것을 데이터와 논리로 설명하려 합니다. 감정적 분리는 감정을 전혀 느끼지 않는 것처럼 행동하는 방식입니다. 큰 상실을 겪고도 "괜찮아, 별일 아니야"라며 슬픔을 부정하는 경우가 그렇습니다.

이런 메커니즘은 일시적으로는 생존에 유리합니다. 급작스러운 충격을 완충하고 위기 상황에서 객관적 판단을 가능하게 합니다. 하지만 과도하거나 오래 지속되면 문제가 생깁니다. 자신의 감정을 배출하지 못하니, 자기도 모르게 우울과 불안에 시달리게 됩니다. 감정을 억제한 대가로 두통, 소화불량 같은 신체 증상이 나타날 수도 있습니다.

그래서 시간이 어느 정도 지나면 '지금 내가 감정을 차단하고 있는 건 아닐까?'를 스스로 점검하는 게 필요합니다. 감정을 교류해도 안전하다고 느끼도록 확신을 주는 관계와 공간을 찾아보세요. 한 번에 모든 감정을 다 느끼려 하지 말고 조금씩 천천히 감정에 접근해보는 것입니다. 호흡의 변화, 심박수, 몸의 긴장을 관찰하는 것부터 시작해도 됩니다.

분리는 때로 필수적인 방어막이지만 영원히 감정을 차단한 채 살 수는 없습니다. 처음에는 두렵고 불안하더라도 적절한 순간에 감정과 다시 연결되어야 합니다. 감정을 솔직히 마주하는 것도 용기입니다.

㉑

마음을 수학 공식으로 풀려는 사람
—
지성화

"환자는 자신의 감정적 갈등을 지적인 문제로 변환시켜 감정적 고통을 피하려 한다."
– 안나 프로이트, 《자아와 방어기제》

의대생이 처음 해부학 실습실에 들어서는 순간을 상상해보세요. 차가운 공기 속에 놓인 시신 앞에 선 그들은 어떤 감정을 느낄까요? 죽음에 대한 두려움, 생명에 대한 경외, 혹은 알 수 없는 슬픔이 밀려올 법도 합니다.

하지만 그들은 곧 놀라운 집중력을 보입니다. 감정을 스위치 끄듯 차단하고, 눈앞의 근육과 혈관 구조에 몰두합니다. 죽음이라는 거대한 감정적 사건을 인체 탐구라는 지적인 과제로 바꿔버리는 겁니다. 이게 '지성화(Intellectualization)'입니다. 뜨거운 감정을 차가운 분석으로 식히는 겁니다. 가슴으로 느껴야 할 것을 머리로만 처리하려는 시도라고 할 수 있습니다.

이건 실습실에서만 일어나는 일이 아닙니다. 우리 일상에도 자주 등장합니다. 연인과 이별한 후 "사랑은 결국 화학 작용일 뿐이야"라고 말하는 사람, 부모님이 돌아가셨을 때 "죽는다는 건, 인간이라면 누구나 겪을 일이야. 생물학적 자연 현상이니 슬퍼할 이유가 없어"라고 설명하는 사람을 본 적 있나요? 직장에서 해고당했을 때는 "경제 상황과 구조조정은 자본주의의 필연적 결과"라며 차분하게 분석하는 분들이 있죠.

이런 방식은 감정이 너무 강해 직접 감당하기 힘들 때 자연스럽게 발생합니다. 어릴 때부터 "감정적이면 안 돼", "똑똑하게 논리적으로 생각해"라는 메시지를 반복적으로 들으며 자란 사람은 사고를 감정보다 우위에 두게 됩니다. 특히 분석력이 뛰어난 사람일수록 감정 문제까지 '머리로 해결'하려는 경향이 강하죠. 이러한 성향은 학력이 좋거나 전문직에 종사하는 분들에게 더 자주 나타나기도 합니다.

지성화는 단기적으로는 감정 고통을 줄이고 냉정한 이해를 돕습니다. 의사, 상담사, 연구자처럼 객관성을 유지해야 하는 직업에서는 어느 정도 필요하기도 합니다. 급한 상황에서 감정에 휩쓸리지 않고 논리적으로 판단할 수 있게 해주니까요.

하지만 과하면 문제가 됩니다. 슬픔을 분석해도, 진짜로 슬퍼하지 않으면 상처는 남습니다. 논리로 백 번 설명해도 가슴이 감정을 느끼지 않으면 치유는 시작되지 않습니다. 주변에서 "넌 너무 차가워", "너무 논리적이야"라는 말을 자주 듣는다면 지성화가 당신의 방어기제로 작용하고 있을 가능성이 높습니다.

  머리로 이해하는 세상은 절반짜리 세상입니다. 분석을 멈추고 그냥 느껴보세요. 그리고 "감정을 느끼는 것도 괜찮아"라고 스스로에게 허락해주세요. 꼭 논리적이지 않아도 됩니다. 감정은 감정 그 자체로 의미가 있습니다. 슬프면 그냥 슬퍼하세요. 화가 나면, 그 감정을 억누르지 말고 바라보세요. 시간이 지난 후에 그 감정을 이성적으로 다시 돌아보면 됩니다.

㉒

행동으로 죄책감 지우기
—
취소

"취소에서는 어떤 행동이나 생각을 없었던 일로 만들기 위해 정반대의 행동을 한다."
– 안나 프로이트, 《자아와 방어기제》

바람을 피운 후 갑자기 값비싼 선물을 사주는 사람이 있습니다. 연인에게 화를 낸 직후 지나치게 친절하게 굴거나, 아이에게 소리를 지른 후 평소보다 관대해지는 경우도 있죠. 직장에서 동료에게 무례하게 굴었다가 다음 날 커피를 사주거나 평소보다 더 친절해지는 사람도 있습니다.

취소(Undoing)는 죄책감이나 불안을 유발한 행동을 없었던 일로 만들기 위해 정반대의 행동을 하는 방어기제입니다. 마치 지우개로 글씨를 지우듯 마음속 죄책감을 행동으로 지우려는 시도입니다. 그냥 넘어가기에는 이전에 취한 자신의 행동과 평소에 추구하는 자아상 간의 괴리가 큽니다. 스스로 잘못된 행동을 했다는 걸 심리적으로 받아들이기 어렵기 때문에 '취소'라는 방어기제가 작동하는 겁니다.

종교적 맥락에서도 취소는 자주 나타납니다. 죄를 지었다는 생각에 사로잡혀 강박적으로 기도하거나 선행을 반복하는 행동이 대표적인 예입니다. 나쁜 생각을 했다는 이유로 끊임없이 참회하는 것도 마찬가지입니다. 강박증을 가진 분들에게서는 더 극단적으로 나타나기도 합니다. 손을 수십 번 씻거나 불길한 일이 생길까 봐 같은 행동을 반복하는 식입니다.

왜 이런 행동이 나타날까요? 이미 일어난 일은 바꿀 수 없고 통제할 수 없습니다. 하지만 무엇이라도 하면 상황을 통제할 수 있다는 착각에 빠집니다. 상대방이나 사회의 비난을 피하려는 마음도 있습니다.

하지만 이런 방식은 근본적인 해결책이 될 수 없습니다. 진심 어린 사과나 근본적인 행동 변화가 아니라 일시적인 상쇄 행동이기 때문입니다. 이런 방식은 죄책감을 잠시 줄일 수 있지만 같은 행동을 반복하고 또 취소하려는 악순환을 만듭니다. 그리고 상대방도 그 차이를 어렴풋이 감지합니다. 진심이 아닌 행동은 오히려 관계를 더 어색하게 만들 수 있습니다.

취소 행동을 줄이려면 먼저 자신이 이런 패턴을 보이고 있다는 사실을 인식해야 합니다. "내가 지금 과도한 행동으로 죄책감을 덮으려 하는가?"를 점검해보세요. 그리고 솔직하게 잘못을 인정하는 연습을 해보세요. 때로는 "미안해, 내가 잘못했어"라는 간단한 말이 값비싼 선물보다 더 효과적입니다.

또한 같은 실수를 반복하지 않기 위한 구체적인 계획을 세우고 실행해보세요. 예를 들어 특정 상황에서 자신도 모르게 화를 냈다면, '다음에는 화가 날 때 즉시 반응하지 않고 10분간 심호흡을 하겠다'거나 '자리를 떠나 감정을 가라앉힌 뒤 대화하겠다'와 같이 자신만의 명확한 행동 규칙을 정하는 것입니다.

죄책감은 나쁜 감정이 아니라 성장을 도모하는 기회일 수 있습니다. 완벽한 상쇄는 불가능하다는 사실을 인정하고, 그 대신 더 나은 미래를 만드는 데 에너지를 쓰는 것이 훨씬 건설적입니다. 실수는 인간적인 것이고 중요한 건 그 실수로부터 얻은 배움을 통해 발전하는 것입니다.

/ 23 \

말 대신 행동으로 말하기

—

행동화

"환자는 억압된 것을 기억해내는 대신 행동으로 반복한다."
– 지그문트 프로이트, 〈기억, 반복, 그리고 훈습〉

평소에는 조용하고 돈을 절약하던 사람이 갑자기 충동적으로 과소비를 합니다. 상담 중에 중요한 이야기가 나올 때마다 화제를 돌리거나 자리를 뜨는 사람이 있습니다. 부모에게 느낀 분노를 직접 말하지 못하고, 대신 폭주나 위험한 운전으로 표출하는 사람도 있습니다. 중요한 관계에서 상처받을 것 같으면 먼저 연락을 끊어버리거나, 감정적으로 혼란스러울 때 갑자기 머리를 자르거나 문신을 하는 경우도 있습니다. 우리는 종종 스스로도 이해할 수 없는 행동을 저지르고 후회합니다. '내가 왜 그랬을까?' 곱씹어보지만, 답을 찾지 못하죠.

이처럼 의미를 알 수 없는 행동 뒤에 숨은 마음의 작동 방식 '행동화(Acting Out)'가 있습니다. 이는 말 그대로 '말로 하는 대신 행동으로 보여주는 것'입니다. 내면의 부정적인 감정이나 고통스러운 기억을 마주하는 것이 너무 두려운 나머지, 그 감정을 느끼는 대신 즉각적인 행동으로 뿜어내는 무의식적 선택입니다.

이런 마음의 습관은 어디서 시작될까요? 많은 경우, 감정 표현이 억압받았던 어린 시절로 거슬러 올라갑니다. "남자는 우는 거 아니야", "참을성이 없으면 안 돼"라는 말을 자주 들으며 자란 아이는 슬픔, 분노, 불안 같은 감정들을 말로 표현하는 법을 제대로 배우지 못합니다. 자신의 감정을 표현하고 이해받는 언어를 배우지 못한 채 어른이 되죠. 그 결과, 감정이 격해지는 순간 마음의 회로는 정지하고 몸이 먼저 반응합니다.

분노는 문을 쾅 닫거나 물건을 던지는 행동으로 나타나고, 슬픔과 공허함은 폭식과 쇼핑 중독으로, 불안은 손톱을 물어뜯거나 머리카락을 뽑는 습관으로, 참을 수 없는 외로움은 하룻밤의 관계로 나타납니다.

행동화는 일시적으로는 긴장을 해소하는 것처럼 보일 수 있습니다. 하지만 근본적인 문제 해결을 방해합니다. 자신의 진짜 감정이 무엇인지 성찰할 기회를 앗아가고 충동적인 행동으로 인해 관계를 망치거나 사회적인 문제를 일으킬 수 있습니다. 약물 남용, 갑작스러운 이별 통보, 충동적인 퇴사, 자해 등 자기 파괴적인 행동으로 이어지기도 합니다.

또한 행동화는 근본적인 해결책이 될 수 없기 때문에 같은 감정이 다시 올라올 때마다 비슷한 행동을 반복하게 됩니다. 마치 목이 마를 때마다 바닷물을 마시는 것과 같아요. 순간적으로는 갈증이 해소되는 것 같지만 이는 결국 더 큰 갈증으로 돌아옵니다.

만약 당신이 특정 상황에서 반복적으로 후회할 행동을 하고 있다면, 잠시 멈춰 서서 스스로에게 질문해보세요. "내가 지금 이 행동을 통해 피하려는 감정은 무엇일까?" "말로 표현한다면 나는 지금 무슨 말을 하고 싶은 걸까?" "이 행동 뒤에 숨어 있는 진짜 메시지는 뭘까?"

자신의 행동 뒤에 숨겨진 감정의 언어를 이해하려는 노력이 필요합니다. 충동이 파도처럼 밀려올 때, 딱 3초만 행동을 멈추고 그 감정에 이름을 붙여주는 연습을 해보세요. '아, 이건 분노가 아니라 억울함이구나.' '이건 외로움이 아니라 내 존재가 무시당한 것 같은 두려움이구나.'

말로 표현되지 못한 감정은 행동으로 떠돌게 됩니다. 그 감정에게 적절한 이름을 붙여주고 언어라는 집을 찾아줄 때, 비로소 파괴적인 행동의 반복에서 벗어날 수 있습니다.

›
㉔

충동을 창조로 바꾸는 마법
—
승화

> "승화는 문명의 가장 중요한 구성 요소 중 하나다."
> – 지그문트 프로이트, 《문명 속의 불만》

밤늦게 혼자 있을 때, 종종 마음 깊은 곳에서 올라오는 뜨거운 성적 충동이나 화를 느낍니다. 하지만 사회는 이런 충동을 직접적으로 표현하는 것을 제한합니다. 그렇다면 이 강렬한 에너지를 어떻게 다뤄야 할까요? 억압만이 방법일까요, 아니면 다른 방법이 있을까요?

승화(Sublimation)는 원시적인 성적 충동이나 강렬한 감정을 사회적으로 가치 있고 창조적인 활동으로 전환하는 방어기제입니다. 강물이 막힌 길을 피해 새로운 길로 흐르듯, 성적 에너지도 다른 형태로 표현될 수 있습니다.

역사상 많은 위대한 예술가와 창조자들이 강렬한 성적 에너지를 예술로 승화시켰을 수 있습니다. 레오나르도 다 빈치의 그림, 미켈란젤로의 조각, 베토벤의 음악에는 승화된 성적 에너지가 흐르고 있을지도 모릅니다. 물론 개인차는 있겠지만요.

승화는 어떻게 일어날까요? 직접적인 성적 만족이 불가능한 상태거나 부적절할 때입니다. 정신은 그 에너지를 다른 창조적 활동으로 돌리도록 유도합니다. 글쓰기, 그림 그리기, 음악 만들기, 운동하기, 사회 활동하기 등이 모두 승화의 통로가 될 수 있습니다.

승화는 억압과 다릅니다. 억압은 충동을 무의식에 가두고 없는 척 외면하는 것입니다. 하지만 승화는 그 에너지를 인정하고 건설적인 방향으로 전환하는 작업입니다. 억압은 에너지를 막아서 신경증을 유발할 수 있다면, 승화는 에너지를 활용해서 창조를 만들어냅니다. 이상적인 방어기제입니다.

모든 사람이 위대한 예술가가 될 필요는 없습니다. 승화는 우리의 일상 곳곳에서 얼마든지 일어날 수 있습니다. 일에 열정을 쏟거나, 취미에 깊이 몰입하고, 춤을 추거나 요리를 하고, 정원을 가꾸는 모든 창조적 활동이 승화의 훌륭한 예가 될 수 있습니다.

핵심은 성적 에너지를 건전하게 인정하고 표현하는 것입니다. 스스로의 감정이나 충동, 성적 욕망을 나쁘게 생각하지 마세요. 자연스러운 욕망입니다. 이 에너지를 무조건 억누르면 우울과 신경증을 낳고, 무분별하게 방치하면 충동적이고 파괴적인 행동으로 이어질 수 있습니다. 중요한 것은 균형입니다.

먼저 당신 안의 성적 에너지를 긍정하세요. 그것은 죄책감을 느낄 대상이 아닌, 당신을 존재하게 한 순수한 생명 에너지입니다. 이 에너지를 건강한 관계를 통해 나누거나, 창조적 활동으로 승화시키는 등 건설적으로 활용할 방법을 모색해보세요. 그 과정에서 겪는 약간의 시행착오는 지극히 자연스러운 일입니다.

구체적으로 어떤 시도를 해볼 수 있을까요? 예를 들어 그림, 음악, 글쓰기 같은 창작 활동은 내면의 에너지를 표현하는 훌륭한 도구가 됩니다. 처음에는 서툴러도 괜찮습니다. 완벽함이 아닌 과정 자체를 즐기는 것이 중요합니다. 운동, 춤, 요가처럼 몸을 움직이는 활동 역시 에너지를 건강하게 발산하는 좋은 방법입니다. 나아가 자신이 가치 있다고 믿는 일에 열정을 쏟을 때, 우리는 가장 깊은 차원의 만족감과 성취감을 얻을 수 있습니다.

성적 에너지는 생명의 원동력입니다. 이 에너지를 억압하지 말고, 승화시켜 더 풍요롭고 창조적인 삶을 만들어 가보세요. 당신 안에 잠재된 힘이 어떤 아름다운 창조물을 만들어낼지 기대됩니다. 처음에는 어색하더라도 조금씩 시도해보면 새로운 자신을 발견하게 될 것입니다.

㉕

절망의 멱살을 잡고 웃는 법

—

유머

"유머의 본질은 세상을 거리 두고 바라보는 능력이다."

– 지그문트 프로이트, 〈유머〉

절망 앞에서 우리가 할 수 있는 가장 우아한 반격은 뭘까요? 바로, 그 멱살을 잡고 웃어주는 것입니다. 친구가 취업 준비로 지쳐 있을 때 "나도 백수 전문가야. 이제 이 분야에서 박사급이지"라며 웃음을 던집니다. 연인과 헤어진 뒤에는 "이제 데이트 비용 안 써도 되니까 통장 잔고가 마이너스는 아니겠네"라고 말하기도 하죠. 병원에서 암으로 임종을 앞둔 사람이 "평생 건강 챙긴다고 맛없는 것만 골라 먹었는데 이럴 줄 알았으면 그냥 매일 밤 치킨이나 실컷 먹을걸 그랬네"라고 농담하거나 실직한 사람이 "드디어 나도 자유다!"라고 외치는 순간들이 있습니다. 힘든 상황을 농담으로 바꾸는 이런 경험은 누구에게나 있었을 것입니다.

유머는 불행하고 고통스러운 현실을 재치 있고 유쾌한 방식으로 표현해 심리적 부담을 줄이는 성숙한 방어기제입니다. 마치 쓴 약을 삼키고 달콤한 초콜릿을 먹듯이, 삶의 고통을 웃음으로 코팅하는 것입니다. 당장 직면하기엔 가혹한 현실을 한 발 물러서서 바라볼 수 있게 해줍니다.

자기비하적 농담도 자주 등장합니다. "운동? 리모컨 찾는 것도 운동이지", "다이어트 중이야. 지금 디저트를 보기만 하고 있잖아", "내 인생은 코미디 영화 같아"처럼 스스로를 가볍게 비틀어 말할 수 있다면, 그건 자기연민에 빠지지 않는 힘이 됩니다.

웃음이 주는 효과는 다양합니다. 첫째, 긴장을 풀어줍니다. 어색하거나 무거운 분위기 속에 던지는 농담 하나가 공기를 완전히 바꿔놓습니다. 둘째, 사회적 연결을 만듭니다. 함께 웃는 경험은 유대를 만들고 벽을 허물죠. 셋째, 관점을 전환합니다. 심각했던 문제가 갑자기 덜 심각해 보이는 것입니다. 마지막으로, 통제감을 줍니다. 고통스러운 상황도 웃음으로 맞이하면 무력해질 위험으로부터 벗어날 수 있습니다.

물론 모든 유머가 좋은 것은 아닙니다. 건전한 유머는 상황을 재치 있게 해석하면서도 현실을 부정하지 않습니다. 어려운 상황을 인정한 상태에서 웃을 거리를 찾는 것이죠. 다만, 여기서 중요한 게 있습니다. 자기비하적 유머는 겸손해 보일 수 있지만 과하면 자존감을 해칠 수 있습니다. 공격적 유머는 타인을 비하해 일시적으로 우월감을 줄 수 있지만 관계를 무너뜨립니다. 회피적 유머는 모든 대화를 농담으로 돌려 깊은 소통을 피하는 방식입니다.

  웃음은 강력한 진통제이지만 만병통치약은 아닙니다. 슬픔을 모두 농담으로 덮으려 하면 당신의 진짜 마음은 점점 길을 잃게 됩니다. 웃을 땐 마음껏 웃고, 울어야 할 땐 진심으로 울 수 있는 사람. 그게 진짜 성숙한 어른입니다.

㉖

과거 관계가 현재에 미치는 영향
—
전이

> "전이는 꿈에도 생각지 못할 만큼 중요한 요인이다."
> – 지그문트 프로이트, 〈전이의 역동〉

"처음 본 사람인데도 갑자기 가슴이 두근거리고 긴장감이 몰려왔습니다." "처음 본 사람임에도 10년 알고 지낸 사람처럼 편하게 느껴지는 놀라운 경험을 했습니다."

전이란 과거의 중요한 인물에 대한 감정이 현재의 다른 사람에게 옮겨지는 것을 뜻합니다. 마치 과거의 영화 필름을 현재의 스크린에 투사하는 것과 같습니다. 전이는 우리가 인식하지 못하는 사이에 일어납니다. 새로 만난 사람의 목소리, 표정, 행동 방식이 과거의 누군가를 연상시키면, 무의식적으로 그 사람에 대한 감정을 현재의 대상에게 투사하게 됩니다.

권위적인 아버지 밑에서 자란 사람은 상사를 볼 때마다 어린 시절의 두려움을 느낄 수 있습니다. 반대로 따뜻한 아버지의 사랑을 받고 자란 사람은 나이 많은 남성에게 자연스럽게 의지하려 할 수도 있습니다. 연인 관계에서도 전이는 자주 일어납니다. 어머니에게 과잉보호를 받은 사람은 연인이 조금만 관심을 덜 보여도 "나를 버릴 거야"라는 불안에 휩싸입니다. 연인 관계인 사람에게 어머니를 투사하게 되는 것입니다.

전이는 나쁜 것만은 아닙니다. 긍정적인 전이는 새로운 관계를 시작하는 데 도움을 줍니다. 좋은 기억과 감정을 새로운 사람에게 투사해서 빠르게 친밀감을 형성할 수 있으니까요. 처음 본 사람이 어머니와 비슷하게 생겼다거나 정말 사랑했던 사람과 비슷한 성향을 보인다면 순식간에 친밀감을 느낄 수 있습니다. 문제는 부정적인 전이입니다. 과거의 상처나 트라우마를 현재의 무고한 사람에게 투사해서 관계를 망치는 경우가 있습니다.

자신의 반응을 관찰해보세요. "이 사람에 대한 내 감정이 갑작스럽지 않나? 이 상황에 맞지 않는 반응을 하고 있나?" 이런 의문이 든다면 전이가 일어나고 있을 가능성이 높습니다. 과거를 탐색해보세요. "이 감정이 과거의 누구를 떠올리게 하나? 어린 시절 비슷한 감정을 느꼈던 경험이 있나?" 과거와 현재의 연결고리를 찾아보는 것입니다.

현재와 과거를 분리해보세요. "지금 앞에 있는 이 사람은 과거의 그 사람이 아니야. 이 사람을 있는 그대로 보자." 의식적으로 현재에 집중하려 노력하는 것입니다. 신뢰할 만한 관계에서는 "내가 과거 경험 때문에 이렇게 반응하는 것 같아"라고 솔직하게 이야기하는 것도 도움이 됩니다.

과거는 현재에 영향을 미치지만 현재를 지배해서는 안 됩니다. 전이를 인식하고 다룰 수 있다면, 더 건강하고 진실한 관계를 만들어갈 수 있습니다.

27

불행해도 익숙한 게 편한 이유

—

저항

> "환자의 무의식과 의식 속 자아 저항이 쾌락 원칙에 따라 작동한다는 점은 의심할 여지가 없다."
>
> — 지그문트 프로이트, 《쾌락 원칙을 넘어서》

"변하고 싶다"고 말하면서도 정작 변화의 기회가 오면 뒤로 물러서는 자신을 발견합니다. 상담을 받으면서도 중요한 이야기는 피해 가거나 운동을 시작하려다가 갖가지 핑계를 대며 미루게 됩니다. 마음 한편에서 변화를 가로막는 목소리가 들립니다.

의식적으로는 변화를 원하지만 무의식적으로 현재 상태를 유지하려는 강력한 힘이 작동하는 것을 저항(Resistance)이라고 합니다. 저항은 왜 일어날까요?

첫 번째 이유는 익숙함의 편안함입니다. 아무리 불행하고 고통스러워도 익숙한 것은 예측 가능하고 안전하게 느껴집니다.

새로운 것은 불확실하고 두렵습니다.

두 번째 이유는 정체성의 위협입니다. "나는 원래 이런 사람이야"라는 자기 개념에 도전하는 변화는 정체성의 혼란을 가져올 수 있습니다. 오랫동안 우울했던 사람이 갑자기 행복해지면 "이게 진짜 나인가?"라는 의문이 드는 것처럼 말입니다.

세 번째는 이차적 이득입니다. 증상이나 문제 행동이 은밀한 이익을 가져다주는 경우가 있습니다. 우울증이 책임을 피하거나 타인의 관심을 끄는 수단이 되는 경우가 그렇습니다.

저항은 다양한 형태로 나타납니다. 처음 배우기로 한 레슨 미루기, 치료 약속을 자주 취소하거나 늦게 오기, 중요한 주제를 피해 가기, 치료자나 도움을 주는 사람을 비판하기 등입니다.

저항을 적으로 여기지 마세요. 자책할 필요도 없습니다. 저항은 자연스러운 방어기제입니다. "내가 지금 저항하고 있구나. 무엇이 두려운 걸까?"라고 호기심을 가져보세요. 저항 자체를 비난하지 말고 그 뒤에 숨은 두려움을 이해해보는 것입니다.

저항을 다룰 때는 작은 변화로 시작하는 것이 효과적입니다. 급격한 시도는 더 큰 반발만 불러일으키기 때문입니다. 하루 10분 걷기부터 시작해 점차 늘려가듯, 무의식이 편안하게 적응할 속도를 찾아주세요. 더불어 이 변화가 내게 가져다줄 긍정적인 미래를 구체적으로 상상하며 꾸준히 동기를 부여하는 것도 잊지 맙시다.

주변의 지지를 받는 것도 중요합니다. 혼자서는 저항을 극복하기 어렵습니다. 나를 응원해주는 사람이 곁에 있으면, 저항은 두려움이 아니라 과정의 일부로 받아들일 수 있습니다. 변화의 길에서 나타나는 망설임이나 회피가 실패의 징조가 아니라 누구나 겪는 자연스러운 반응임을 깨닫게 되기 때문입니다.

때로는 아주 작은 지지도 큰 힘이 됩니다. 계획이 흔들릴 때 친구가 "나도 비슷한 경험이 있었어"라고 말해주는 것, 가족이 "조금 늦어져도 괜찮아"라고 격려해주는 것만으로도 마음은 훨씬 가벼워집니다. 혼자가 아니라는 감각은 불안을 줄이고 다시 시도할 용기를 불러일으킵니다.

저항은 변화의 길목에서 누구나 겪는 통과의례와 같습니다. 중요한 것은 그 순간을 피하지 않고, 지지해주는 사람들과 함께 통과해 가는 것입니다. 그렇게 할 때 저항은 걸림돌이 아니라 성장의 계단으로 바뀝니다.

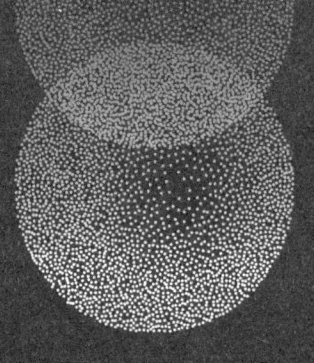

3장

모든 것은 어린 시절에 시작되었다
성격의 탄생

(28)

내 성격은 어디서 온 걸까?
―
어린 시절

"어린 시절의 경험이 성인의 성격을 형성한다."
– 지그문트 프로이트, 《정신분석학 입문 강의》

30대가 되어서도 여전히 새로운 사람을 만나는 게 두렵다고 말하는 사람이 있습니다. 40대가 되었는데도 완벽하지 않을 것 같으면 일을 시작조차 못 하는 이들도 있습니다. 이런 성격은 도대체 언제 만들어진 걸까요? 성인이 되어서일까요, 아니면 훨씬 이전일까요?

연구에 따르면 놀랍게도 우리 성격의 기본 틀은 생후 5~6년 사이에 거의 완성됩니다. 어린 시절의 경험은 건물로 치면 기초 공사와 같습니다. 기초가 어떻게 다져졌는가에 따라 이후 쌓이는 벽과 지붕의 모양도 달라지듯, 어린 시절의 경험은 우리의 사고방식과 감정 패턴, 행동 양식을 결정짓는 기반이 됩니다. 아이의 뇌는 마치 마른 땅이 빗물을 빨아들이듯, 주변의 모든 것을 흡수합니다. 성인의 뇌가 새로운 정보를 걸러내고 비판적으로 받아들이는 것과 달리, 어린아이의 뇌는 경험을 여과 없이 받아들이고 그것을 자신이라는 정체성의 일부로 삼습니다.

예를 들어, 세 살 아이가 부모에게 꾸중을 들으면 단순히 "혼났어"라고 생각하지 않습니다. "나는 나쁜 아이인가 봐"라는 해석으로 이어질 수 있습니다. 다섯 살 아이가 실수를 했을 때 부모가 화를 낸다면, "실수는 절대 하면 안 되는구나"라는 학습을 합니다. 이런 경험이 차곡차곡 쌓이면 '나는 늘 부족하다', '완벽해야 사랑받는다' 같은 신념이 형성됩니다. 그리고 이 신념은 성인이 된 후에도 자동으로 작동합니다. 새로운 상황에 놓여도 우리는 무의식적으로 어린 시절 익숙했던 방식으로 반응하게 되는 것입니다.

그렇다고 해서 "이미 내 성격은 끝났어"라며 좌절할 필요는 없습니다. 어린 시절이 우리의 많은 부분을 만든 것은 사실이지만, 모든 것을 결정짓지는 않습니다. 성격은 고정된 운명이 아니라, 다시 다듬고 변화시킬 수 있는 유연한 구조입니다. 다만 그 첫걸음은 잠시 멈춰 서서 내 과거를 돌아보는 데 있습니다.

어릴 적 어떤 메시지를 가장 많이 들으며 자랐는지 떠올려보세요. "넌 똑똑해", "넌 예뻐", "넌 착해" 같은 따뜻한 말도 있었을 겁니다. 하지만 동시에 "조용히 해", "그러면 안 돼", "왜 이것도 못해?" 같은 차가운 말도 들었을 수 있습니다. 이 메시지들이 지금의 나에게 어떤 흔적을 남겼는지 살펴보는 것이 중요합니다. 긍정적인 말은 여전히 나를 지탱하는 힘이 되고, 부정적인 말은 나를 옭아매는 족쇄로 남아 있을 수 있습니다.

핵심은 그 족쇄를 의식하는 순간, 변화가 시작된다는 점입니다. 지금까지 무심코 반복해온 사고 패턴이 사실은 오래된 학습의 산물임을 알아차리는 순간, 선택지가 생깁니다. "나는 늘 부족하다"라는 목소리에 휘둘리는 대신, "그건 어린 시절 만들어진 신념일 뿐"이라고 거리 두기를 할 수 있습니다. 이런 재인식은 스스로를 다시 태어나게 만들 수 있습니다.

우리는 과거의 흔적 위에 새로운 해석을 덧칠할 수 있습니다. 어릴 적의 경험이 기초를 다졌다 해도, 그 위에 어떤 건물을 세울지는 지금의 나에게 달려 있습니다. 이 과정을 통해 어린 시절의 상처는 굳은 벽돌이 아니라 더 단단한 기반이 될 수 있습니다. 결국 성숙이란, 과거를 부정하지 않고 새로운 의미로 다시 써 내려가는 작업인지도 모릅니다.

29

첫사랑의 비극

오이디푸스 콤플렉스

"오이디푸스 콤플렉스는 모든 신경증의 핵심이다."
– 지그문트 프로이트, 《자아와 원초아》

모든 여성을 어머니와 비교하거나 연인 관계에서 어머니가 떠오르는 이들이 있습니다. 상사나 선생님처럼 권위 있는 인물 앞에서 지나치게 반항하거나 과도하게 복종하기도 합니다. 성공하거나 행복해질 때마다 알 수 없는 죄책감에 시달리기도 합니다.

이런 패턴들은 어린 시절 오이디푸스 콤플렉스와 관련이 있을 수 있습니다. 모든 인간이 경험하는 최초의 삼각관계가 있습니다. 어린아이와 엄마, 그리고 아빠. 이 세 사람 사이에서 벌어지는 사랑과 질투, 갈등과 포기의 드라마 말입니다.

남자아이는 엄마를 향한 강렬한 사랑을 느낍니다. 엄마를 독차지하고 싶어 하고, 아빠를 방해물로 여깁니다. 때로는 "아빠가 없어졌으면 좋겠어", "엄마랑 결혼할래"라고 말하기도 합니다. 하지만 동시에 아빠에 대한 두려움도 느낍니다. 자신보다 훨씬 크고 강하기 때문입니다. "혹시 나를 벌주지 않을까? 내 소중한 것을 빼앗지 않을까?"라는 불안에 시달립니다.

결국 아이는 현실의 벽 앞에서 좌절하고 타협합니다. 어머니를 독점하려는 욕망을 포기하고, 아버지를 이기려 드는 대신 닮으려고 노력하는 것입니다. "아빠처럼 강해지면 언젠가 엄마 같은 멋진 사람을 만날 수 있을 거야."

이 과정에서 중요한 심리적 변화가 일어납니다. 아빠의 권위와 규칙을 내면화하면서 초자아가 형성됩니다. "아빠가 싫어하는 일은 하면 안 돼", "남자는 이래야 해"라는 도덕적 기준들이 마음속에 자리 잡습니다. 이 과정이 건강하게 해결되면 성 정체성이 확립되고, 동성과의 건전한 동일시가 이루어집니다. 하지만 이 과정에서 문제가 생기면 평생에 걸쳐 어려움을 겪을 수 있습니다.

이성 관계에서 어려움을 겪기도 합니다. 모든 여성을 어머니와 비교하거나 어머니 같은 여성만을 추구할 수 있습니다. 혹은 반대로 어머니와 완전히 다른 여성만을 선호할 수도 있죠. 권위와의 관계에서도 문제가 생깁니다. 상사나 선생님처럼 자신보다 권위 있는 인물을 아버지와 동일시해서 과도하게 반항하거나 반대로 지나치게 복종할 수 있습니다.

다른 남성과의 경쟁을 아버지와의 원초적 경쟁으로 받아들여 과도한 스트레스를 느낄 수도 있습니다. 어린 시절의 금지된 욕망에 대한 죄책감이 무의식에 남아 있어 성공하거나 행복해질 때마다 불안을 느끼게 되는 경우도 있습니다.

그렇지만 이런 상처도 회복할 수 있습니다. 과거의 감정을 인정하는 태도가 시작입니다. 어린 시절 부모를 향해 품었던 복잡한 감정들이 자연스러운 흐름이었다는 사실을 받아들이게 되면, 조금은 가벼워질지도 모릅니다. 부모님의 이해할 수 없는 행동에 대해서도 '어머니 아버지도 또 그들만의 어린 시절에 영향을 받았을 수 있다'고 생각해볼 수 있습니다. 그 사람 자체만 바라보는 게 아니라 그 뒷배경도 생각해보세요.

현재와 과거를 구분하는 것도 도움이 됩니다. 지금의 연인이나 배우자는 당신의 어머니가 아니며, 아버지도 아닙니다. "어머니처럼 따뜻했으면 좋겠어", "아버지처럼 친절했으면 좋겠어"라는 생각으로 연인을 판단하는 것도 좋지 않습니다. 각자를 독립된 존재로 바라보려는 노력이 관계를 더 편안하게 만들 수 있습니다.

어머니와 아버지의 이상적인 상에 얽매일 필요는 없습니다. 인간이라면 누구나 거치는 보편적 경험일 수 있습니다. 그 과정을 이해하고 자연스럽게 받아들이는 순간, 더 성숙한 사랑과 관계가 열릴지도 모릅니다.

30

소유욕의 근원

—

질투

"질투는 사랑의 가장 정상적이고 자연스러운 표현 중 하나다."
– 지그문트 프로이트, 〈질투, 편집증, 동성애의 신경증적 메커니즘〉

연인이 다른 친구와 웃으며 대화하는 모습을 보면 가슴이 철렁 내려앉습니다. 가까운 동료가 나보다 더 좋은 성과를 얻으면 축하해주고 싶으면서도 마음 한편에는 쓸쓸함이 남습니다. 아무리 이성적으로 생각해도 이런 감정을 완전히 멈출 수는 없습니다.

이런 감정, 바로 질투입니다. 질투는 인간의 가장 원시적이면서도 보편적인 감정 중 하나입니다. 대부분의 사람이 질투를 느끼며, 이는 지극히 자연스러운 일입니다. 중요한 것은 질투를 어떻게 다루느냐입니다.

질투의 뿌리는 어린 시절로 거슬러 올라갑니다. 5세 아이에게 갑자기 동생이 태어났습니다. 부모가 온 관심을 동생에게 쏟는 모습을 보며 "나는 이제 사랑받지 못하는 건가?"라는 두려움을 느낍니다. 아빠가 엄마와 친밀하게 대화하는 모습을 보면 "나는 관심 대상에서 제외되었다"고 느끼기도 하죠. 아이에게는 부모의 사랑이 생존과 직결되기 때문에 그 사랑을 위협하는 모든 것이 두려움의 대상이 됩니다.

이런 초기 경험이 성인이 되어서도 계속 영향을 미칩니다. 연인이 다른 사람과 친하게 지내면 어린 시절의 버림받음에 대한 두려움이 되살아나는 것입니다.

질투에는 여러 가지 요소가 뒤섞여 있습니다. 사랑하는 사람을 잃을지도 모른다는 불안, 자신보다 더 나은 경쟁자에 대한 열등감, 독점하고 싶은 소유욕, 배신당했다는 분노 등이 복합적으로 작용합니다. 건전한 질투와 병적인 질투는 다를 수 있습니다. 건전한 질투는 현실적인 위협에 대한 자연스러운 반응입니다. 실제로 관계가 위험에 처했을 때 느끼는 적당한 수준의 질투는 관계를 보호하려는 본능적 반응이죠. 하지만 병적인 질투는 다른 양상을 보입니다. 아무런 근거 없이 의심하고, 상대방의 모든 행동을 감시하려 하며, 다른 사람과의 모든 접촉을 금지하려 합니다. 이런 질투는 관계를 보호하는 것이 아니라 파괴합니다.

과도한 질투의 배경에는 보통 깊은 불안감이 자리 잡고 있습니다. 자신이 충분히 사랑받을 만한 사람이 아니라는 믿음, 언젠가는 버림받을 것이라는 두려움이 질투를 키우는 것입니다.

　소유욕도 마찬가지입니다. 사랑하는 사람을 자신만의 것으로 만들고 싶어 하는 욕구는 자연스럽습니다. 하지만 소유욕이 지나치면 상대방을 마치 물건처럼 취급하게 됩니다. 상대방의 자유와 독립성을 인정하지 못하고 통제하려 들게 되죠.

　질투를 느끼는 자신을 발견했다면 먼저 그 감정을 인정해보세요. 질투를 느끼는 것은 부끄러운 일이 아닙니다. 중요한 것은 그 감정을 어떻게 표현하느냐입니다. 질투의 근본 원인을 찾아보는 것도 도움이 됩니다. "나는 무엇을 두려워하고 있는 걸까? 어떤 불안감이 이 질투를 만들어내는 걸까?" 그 답을 찾는 과정에서 자신을 더 깊이 이해하게 될 수 있습니다.

　상대방과의 신뢰를 쌓아가는 것도 필요합니다. 인간관계를 시간 낭비라 치부하지 마세요. 열린 대화를 통해 서로에 대한 믿음을 깊게 만들어 가보세요. "나는 지금 질투를 느끼고 있어. 이게 과거의 상처 때문일지도 모르는데, 함께 이야기해볼 수 있을까?" 이런 식으로 솔직하게 표현해보는 것입니다.

　질투는 사랑의 그림자와 같은 존재입니다. 하지만 그 그림자를 이해하고 건전하게 다룰 때 더 깊고 성숙한 사랑이 가능해집니다.

㉛

씹고 빨고 삼키는 행동의 숨은 의미

—

구강기

"젖을 먹고 만족하여 뒤로 기대는 아기를 본 사람이라면
이 모습이 후일 성적 만족 표현의 원형으로 지속된다는 생각을 피할 수 없다."

– 지그문트 프로이트, 《성욕에 관한 세 편의 에세이》

스트레스를 받을 때 무심코 손톱을 물거나 펜 끝을 깨무는 사람이 있습니다. 어떤 이는 긴장이 높아질수록 음료를 들이켜거나 끊임없이 무언가를 먹습니다. 겉으로는 단순한 습관처럼 보이지만, 이런 행동은 생후 첫해, 구강기 경험이 남긴 흔적일지도 모릅니다.

아기는 젖을 빠는 단순한 행위에서 배고픔을 해소할 뿐 아니라, 동시에 강한 쾌락과 만족을 경험합니다. 어머니 품속에서 젖을 빠는 경험은 욕구 충족과 함께 정서적 안정까지 줍니다. 시간이 지나 이가 나기 시작하면 단순히 빠는 것만이 아니라 깨무는

행위에서도 새로운 쾌락을 맛보게 됩니다. 구강기의 전반부가 애정과 만족으로 채워진 시기라면, 후반부는 젖을 떼는 과정에서 좌절을 경험하는 시기입니다. 이때 아이는 어머니에 대한 사랑과 동시에 적대감, 파괴 충동이 공존하는 양가적 감정을 겪게 됩니다.

이러한 경험은 단순히 과거로 사라지지 않습니다. 무의식 속에 남아 성인이 된 뒤에도 다양한 모습으로 드러날 수 있습니다. 어떤 사람은 친밀한 관계에서 지나치게 의존적이 되고, 혼자 있는 시간을 견디기 힘들어하기도 합니다. 반대로 겉으로는 평온해 보이지만 가까운 이가 자신을 소홀히 대한다고 느끼면 불현듯 분노와 적대감을 표출하기도 합니다. 손톱을 물어뜯거나 과하게 먹는 습관, 혹은 말로 상대를 물어뜯듯 비판하는 태도 역시 그 시기의 흔적일 수 있습니다.

그렇다고 해서 이런 행동이 곧바로 문제라고 단정할 필요는 없습니다. 다만 관계에서 버려질까 하는 두려움이 반복되거나, 사소한 좌절에도 지나친 분노가 솟구친다면 그 뿌리를 살펴볼 필요가 있습니다. 일상의 작은 습관 속에도 내면의 결핍이 반영되어 있을 수 있기 때문입니다. 무엇이 나를 불안하게 만드는지, 또 어떤 방식으로 위안을 구하려 하는지 스스로 질문해보는 일은 중요한 출발점이 됩니다.

자신에게 문제가 있다고 느끼거나 누군가의 지적이 마음에 남는다면 회피하지 않아도 됩니다. "나는 원래 이런 사람이야"라고 단정하기보다, 어린 시절의 경험이 어떤 흔적을 남겼는지 떠올려 보세요. 원인을 곱씹는 것만으로도 굳어진 상처가 조금씩 풀리고, 오래된 습관을 바꿀 기회가 열리기도 합니다. 모임 자리에서 누군가가 나보다 더 뛰어난 모습을 보일 때 불편한 감정이나 적대심이 치밀어 오를 수 있습니다. 그럴 때 상대를 곧바로 부정적으로 규정하기보다 스스로에게 물어보는 겁니다. "이 불편함은 어디에서 비롯된 걸까? 내가 어릴 적 경험했던 비교나 평가에서 비롯된 건 아닐까?"

이런 질문은 무의식과 대화를 시도하는 첫걸음입니다. 마치 오래 닫혀 있던 방에 창문을 열어 빛을 들이는 것처럼, 자기 자신과의 대화는 마음의 공기를 서서히 바꾸어줍니다. 그 순간 우리는 충동에 휘둘리는 존재에서 벗어나 삶을 선택하고 주도하는 자리에 조금 더 가까이 다가갈 수 있습니다.

㉜

계획이 틀어지면 불안한 사람의 비밀
—
항문기

"항문기에 고착된 사람들은 질서정연함, 인색함, 완고함이라는 세 가지 특성을 보인다."
– 지그문트 프로이트, 〈성격과 항문 에로티시즘〉

계획대로 되지 않으면 불안해서 견딜 수 없나요? 아니면 너무 즉흥적이라 탈인가요? 물건이 제자리에 없으면 집중이 안 되거나 반대로 정리정돈을 전혀 하지 못해서 늘 지저분한 상태로 사시나요?

이런 양극단의 모습은 생후 18개월에서 3세에 겪는 항문기(Anal Stage)와 관련이 있을 수 있습니다. 이 시기 아이는 생애 첫 번째 큰 도전에 직면합니다. 바로 배변 훈련입니다.

아이는 처음으로 자신의 몸을 통제할 수 있다는 것을 깨닫습니다. "내가 참을 수도 있고, 내가 배출할 수도 있구나!" 이것은 아이에게는 놀라운 발견이었습니다. 동시에 부모와의 최초의 권력 투쟁이 벌어지는 시기이기도 했죠.

여기서 통제와 독립성에 대한 기본 태도가 만들어집니다. 부모가 너무 엄격하게 배변 훈련을 시키거나 반대로 너무 방임하면 항문기에 고착될 수 있습니다.

부모가 지나치게 엄격하며 성급하게 배변 훈련을 시켰다면, 아이는 '참는 게 칭찬받는 일'이라고 믿게 됩니다. 실수하면 큰일 난다는 불안감 속에서, 괄약근에 힘을 주듯 삶의 모든 것에 힘을 줍니다. 그 결과 성인이 된 이들은 감정, 돈, 시간까지 꽉 쥐고 살아갑니다. 계획은 철저해야 하고, 예상치 못한 변화는 실수이자 실패처럼 느껴지죠. 세상을 통제할 수 없기에 작은 것이라도 쥐고 있어야 안심이 됩니다.

반대로 부모가 너무 무관심했거나 방임했다면 어떨까요? 아이는 '마음대로 분출하는 것'이 자신의 방식이라 배웁니다. 이들은 지저분함, 충동성, 정리되지 않는 삶을 통해 "내 세상은 내 마음대로 할 거야"라는 무의식을 드러냅니다. 이 경험은 무질서하고 충동적인 성향으로 이어질 수 있습니다. 마감 시간에 쫓기고, 정리정돈을 어려워하며, 감정을 여과 없이 쏟아내기도 합니다. 어질러진 책상은 어쩌면 부모의 무관심에 대한 저항의 표현일지도 모릅니다. "내 세상은 내 마음대로 할 거야"라는 무의식적인 외침인 셈이죠.

건강하게 이 시기를 통과한 사람은 적절한 자기 통제력을 갖습니다. 필요할 때는 규칙을 지키고, 상황에 따라서는 융통성을 발휘할 수 있죠. 하지만 항문기에 고착된 경우에는 통제에 집착하거나 반대로 모든 것을 내버려두는 태도를 보이기도 합니다. 모든 것을 예측하고 계획하려 하며 예상치 못한 변화를 극도로 싫어합니다.

대인관계에서는 상대방을 통제하려 하거나 반대로 자신이 통제당하는 것을 견디지 못합니다. "내 방식대로 해야 한다" 고집하거나 "다 귀찮다"며 책임을 회피하기도 합니다.

혹시 이런 모습이 너무 익숙하게 느껴진다면 작은 변화를 시도해보는 것이 도움이 될 수 있습니다. 완벽주의를 내려놓는 것부터 시작하면 좋습니다. "충분히 좋으면 된다"는 마음가짐을 가져보세요. 80점도 훌륭한 점수입니다.

계획이 바뀌어도 "그럴 수도 있지"라고 받아들이는 연습을 해보세요. 예상치 못한 상황을 위기가 아닌 기회로 여겨보는 것입니다. 통제할 수 있는 것과 없는 것을 구분해보세요. 자신의 행동과 반응은 통제할 수 있지만 다른 사람이나 상황은 통제할 수 없다는 것을 받아들이는 것이 중요합니다. 이를 인정하는 순간, 마음의 부담은 조금 가벼워집니다.

결과만 바라보기보다 과정 속에서 오는 즐거움에 눈길을 두면 어떨까요. 책임감 있고 체계적인 태도는 분명 사회에서 소중한 자산입니다. 다만 그 장점을 유지하면서도 지나친 경직성을 내려놓는다면 삶은 한결 여유롭고 유연해질 수 있습니다. 하나의 정답에만 매달리지 않을 때, 여러 가능성이 눈앞에 열리게 됩니다.

조금 더 구체적으로는 하루 일정 가운데 일부를 '계획대로 되지 않아도 괜찮은 시간'으로 비워두는 것도 방법입니다. 갑작스럽게 친구의 연락을 받는다든지, 예상치 못한 사건이 끼어드는 시간을 일부러 허용하는 것입니다. 이렇게 안전한 틀 안에서 변화를 경험할 때 통제에 대한 집착은 서서히 약해질 수 있습니다.

㉝

경쟁과 질투의 탄생
—
남근기

> "남근기는 성기를 중심으로 한 쾌감의 시기이며
> 오이디푸스 콤플렉스가 나타나는 시기이기도 하다."
> – 지그문트 프로이트, 《성욕에 관한 세 편의 에세이》

동료의 승진 소식이 기쁨보다 쓰라린 패배감으로 다가온 적 있나요? 모든 대화를 미묘한 권력 다툼으로, 모든 관계를 이겨야 할 전쟁으로 느끼는 사람이 있습니다. 존경하는 상사 앞에서 한없이 작아지다가도, 어느 순간 무모할 정도로 그에게 도전하고 싶다는 충동에 휩싸입니다. 우리는 이를 그저 '승부욕이 강한 성격'이라고 말합니다.

이런 모습들은 3세에서 5세 사이에 겪는 남근기(Phallic Stage)와 관련이 있을 수 있습니다. 이 시기가 되면 아이는 남자와 여자의 몸이 다르다는 것을 알게 됩니다. 자연스럽게 자신의 성기에 대해 강한 관심을 보입니다. 동시에 이성 부모에 대한 특별한 애착과 동성 부모에 대한 경쟁심이 나타나기 시작합니다. 남자아이는 엄마를 독차지하고 싶어 하고, 아빠를 경쟁자로 느낍니다. 여자아이는 아빠의 관심을 원하고, 엄마를 경쟁자로 여깁니다. 이것이 바로 오이디푸스 콤플렉스의 시작입니다.

하지만 아이는 동시에 큰 불안을 느낍니다. 아들 입장에선 아버지에게 맞서는 것이 두렵기 때문입니다. 결국 아이는 현실적인 타협을 선택합니다. 이성 부모에 대한 독점욕을 포기하고, 동성 부모와 동일시하는 것입니다.

이 과정이 건강하게 이루어진다면 성 정체성이 안정되고, 경쟁심은 건설적인 동력으로 작용합니다. 하지만 이 시기에 문제가 생기면 평생에 걸쳐 무의식에 영향을 미칠 수 있습니다.

남근기에 고착된 사람들은 과도한 경쟁심을 보입니다. 모든 상황을 경쟁으로 받아들이고 이기지 못하면 견디지 못합니다. 다른 사람의 성공을 기뻐하지 못하고 질투심이 강합니다. 과시욕이 강해서 자신의 능력이나 매력을 과도하게 드러내려 하고 다른 사람의 관심과 인정을 갈구합니다.

권위에 대해서도 극단적인 반응을 보입니다. 상사나 선생님 같은 권위자 앞에서 지나치게 위축되거나, 정반대로 무리한 도전을 시도하기도 하죠. 성 역할에 대한 경직된 생각도 특징 중 하나입니다. '남자다움'이나 '여자다움'에 대한 고정관념이 강하고,

그 기준에 맞지 않으면 불편해합니다.

하지만 이런 에너지를 건강하게 활용할 수 있습니다. 경쟁의 방향을 바꾸는 것입니다. 다른 사람을 이기는 데 집중하기보다 어제의 자신을 이기는 데 초점을 맞춰보세요. 혼자만의 경쟁이 아니라 함께 일하고 서로 도우며 성취하는 경험을 쌓는 것도 좋습니다.

성 역할에 대한 고정관념에서도 자유로워질 필요가 있습니다. 남성성과 여성성은 모든 사람 안에 공존하는 자연스러운 특성입니다. 다른 사람과의 비교가 아니라 자신의 고유한 가치에 기반한 자존감을 키워가는 것이 중요합니다.

남근기의 에너지에는 분명 긍정적인 면이 많습니다. 성취 욕구, 리더십, 자신감, 도전 정신은 사회에서 성공하는 데 중요한 자질들입니다. 이런 에너지를 건설적으로 활용한다면 큰 힘이 될 수 있습니다. 경쟁의 에너지를 성장의 동력으로 바꾸는 것이 진정한 성숙함입니다.

㉞

열등감과 자신감의 뿌리

—

잠복기

"남근기 이후, 사춘기가 시작되기 전까지 성적 충동은 잠시 휴면 상태에 들어간다."
– 지그문트 프로이트, 《성욕에 관한 세 편의 에세이》

유치원 아이들을 관찰한 적이 있나요? 어제까지 짝꿍과 결혼하겠다며 소꿉놀이하던 아이가 초등학생이 되자마자 "남자애들은 바보야", "여자애들이랑 놀기 싫어"라고 말합니다. 며칠 전까지 "엄마, 나랑 결혼해"라던 아이가 이제는 친구들과만 어울리려 합니다. 이성에 대한 호기심이나 부모를 독차지하려던 치열한 감정들이 마법처럼 사라진 것 같습니다.

이러한 변화는 잠복기(Latency Stage, 6~12세)의 시작을 알립니다. 오이디푸스 콤플렉스라는 격렬한 심리적 드라마가 막을 내린 후, 성적 에너지가 무의식 속으로 잠시 가라앉는 시기입니다.

그 에너지는 사라지는 것이 아니라 다른 곳으로 향합니다. 지적 탐구나 우정, 운동, 취미 활동처럼 사회적으로 인정받는 건설적인 활동으로 말이죠.

이 시기 아이들은 동성 친구들과 강한 유대감을 형성합니다. 남자아이들은 축구와 게임에 빠져듭니다. 여자아이들은 함께 비밀 이야기를 나누며 우정을 쌓습니다. 공부에 흥미를 느끼고, 새로운 기술을 배우며, 사회의 규칙과 도덕을 차근차근 받아들입니다. 자아와 초자아가 단단해지는 중요한 시기이기도 하죠.

잠복기에 일어나는 이런 변화를 '승화'라고 부릅니다. 부모를 향했던 강렬한 감정들이 학습이나 사회적 관계, 창조적 활동으로 건전하게 바뀌는 과정입니다. 잠복기에 형성된 경험은 이후 사회적 관계와 학업 성취, 자존감에 지대한 영향을 미칩니다.

"나는 무엇이든 해낼 수 있는 사람이야." 작은 성취를 쌓으며 얻은 자신감은 훗날 사회생활의 뿌리가 됩니다. 하지만 이 시기에 반복된 실패나 끊임없는 비교 속에서 자란다면 어떤 결과가 따라올까요? "나는 뭘 해도 안 돼"라는 열등감이 뿌리내립니다. 그래서 부모와 교사의 역할이 중요합니다. 성과보다 과정을 인정하고, 다른 아이와 비교하지 않으며, 아이만의 속도와 방식을 존중하는 태도가 필요합니다.

잠복기는 사춘기라는 거대한 폭풍을 준비하는 고요하고 소중한 시간입니다. 이때 아이들은 또래와 어울리며 규칙을 배우고,

작은 성취를 통해 자신감을 쌓습니다. 시험에서 조금 더 나은 점수를 받거나 운동 경기에서 팀의 승리에 기여하는 경험, 친구와의 비밀을 공유하며 신뢰를 확인하는 경험이 모두 자아를 단단하게 만듭니다.

사춘기에 들어서면 갑작스럽게 감정이 요동칩니다. 부모에게 반항하기도 하고, 친구 관계에 지나치게 몰두하거나, 사소한 일로 크게 흔들리기도 합니다. 이런 격렬한 시기에 잠복기 동안 형성된 자아와 사회적 기술은 중요한 버팀목이 됩니다. 스스로 공부 계획을 세워본 경험은 학업 부담이 커졌을 때 무너지는 대신 다시 시도할 힘을 줍니다. 친구와 갈등을 조율해본 경험은 청소년기의 관계적 파고 속에서도 쉽게 고립되지 않도록 돕습니다.

잠복기는 겉으로 보기엔 조용하지만, 사실은 인생의 중요한 기초를 다지는 시간입니다. 이 시기에 형성된 경험과 태도가 훗날 청소년기를 지나 성인에 이르기까지 오랫동안 영향을 미친다는 점에서, 잠복기는 단순한 성장의 공백기가 아니라 결정적인 준비기라 할 수 있습니다.

성숙한 사랑의 시작
—
생식기

> "사춘기가 되면 리비도는 다시 깨어나며,
> 자기애적 단계를 넘어 타인과의 성숙한 관계를 추구하게 된다."
> – 지그문트 프로이트, 《성욕에 관한 세 편의 에세이》

고등학생이 된 딸이 갑자기 이성 친구 이야기를 꺼내기 시작합니다. 그동안 공부와 친구들에게만 관심을 보이던 아이가 누군가를 좋아한다며 얼굴을 붉히죠. 부모의 간섭에서 벗어나려 하고, 스스로 판단하며 어른스러운 면모를 드러냅니다.

기나긴 잠복기를 지나 12세를 넘어서면 잠들어 있던 성적 에너지가 강렬하게 깨어납니다. 하지만 이전과는 완전히 다릅니다. 유아기에는 자기 자신에게 집중했다면, 생식기 단계에서는 비로소 타인에게 집중하는 시기가 됩니다. 나보다는 타인과의 사랑과 상호적인 관계를 배워나가는 단계입니다.

이 시기의 핵심 과제는 부모로부터 심리적으로 독립하고, 이성과의 건강하고 친밀한 관계를 형성하며, 사회의 한 구성원으로서 자신만의 역할과 정체성을 찾아가는 것입니다. 더 이상 부모의 보호와 지시에만 의존하지 않고, 스스로 판단하고 책임지는 성인으로 성장하는 과정이죠.

하지만 이전 단계들에서 해결되지 않은 문제들은 이 시기에 다시 드러납니다. 구강기에 고착된 사람은 연인에게 지나치게 의존적인 관계를 원합니다. 항문기에 고착된 사람은 상대방을 통제하려는 경향을 보입니다. 또한 남근기에 고착된 사람은 이성을 정복의 대상으로 보거나 지나치게 경쟁적인 관계를 맺으려 할 수 있습니다.

생식기 단계의 사랑은 단순한 성적 욕망이 아닙니다. 상대를 도구로 보지 않고, 독립된 인격체로 존중하며 함께 성장하는 관계를 지향합니다. 함께 미래를 꿈꾸고, 고통을 견디며, 기쁨을 나누는 것이 성숙한 사랑의 본질입니다.

물론 이 과정은 순탄하지 않습니다. 수많은 시행착오와 이별의 아픔, 갈등과 화해를 통해 사랑하는 법을 배웁니다. 첫사랑의 실패, 관계에서 생기는 오해와 상처, 질투와 배신의 경험들은 모두 성숙한 관계를 위한 소중하고도 아픈 학습 과정입니다.

생식기적 성숙에 도달한 사람은 '사랑하는 능력'과 '일하는 능력'을 모두 갖춘 사람입니다. 타인과 깊고 의미 있는 사랑을 나

눌 수 있고, 동시에 사회에 기여하는 생산적인 활동을 통해 자신의 잠재력을 실현합니다. 이는 개인적 행복과 사회적 기여가 조화를 이루는 상태입니다.

이전의 모든 발달 단계를 성공적으로 통합하고, 자기중심적인 사랑을 넘어 타인에 대한 진정한 관심과 배려로 나아가는 것. 이것이 생식기 단계가 상징하는 정신적 성숙의 최종 목표입니다. 사랑할 수 있고, 사랑받을 수 있으며, 함께 의미 있는 삶을 만들어가는 성숙한 인간으로 성장하는 과정입니다.

만약 본인이 일과 사랑 중 한쪽에만 치우쳐 있다면, 자신의 무의식을 돌아보아야 합니다. 앞서 말했듯, 자신의 무의식을 의식하는 것만으로도 점차 나아질 수 있습니다.

36

어른의 몸에 갇힌 어린 마음
—
고착

> "리비도는 발달 과정에서 특정 단계에 고착될 수 있으며,
> 이는 성인의 성격에 지속적인 영향을 미친다."
> – 지그문트 프로이트, 《성욕에 관한 세 편의 에세이》

어린 시절, 누구나 하나쯤은 애착이 생겨서 꼭 끌어안고 자는 물건이 있습니다. 낡아서 솜이 빠져나온 인형이든, 실밥이 풀려 너덜너덜해진 담요든, 그 물건 없이는 잠들 수 없었죠. 덕분에 금세 더러워져서 빨래한다고 치우기라도 하면 울고불고 난리를 쳤던 그 물건들 말입니다.

지금 당신의 모습은 어떤가요? 겉으로는 어른이지만, 힘들 때마다 우리는 각자의 '곰 인형'을 찾습니다. 진짜 곰 인형은 사라졌지만, 그 자리를 대신해서 우리에게 안정을 찾아주는 무언가가 여전히 곁에 있죠. 누군가는 손톱을 물어뜯고, 누군가는 모든

걸 완벽하게 통제하려 하며, 누군가는 아직도 부모의 말에 의지하며 불안을 해소합니다.

이런 현상을 '고착(Fixation)'이라고 부릅니다. 고착은 심리성적 발달 단계 중 어느 한 단계에서 욕구가 과도하게 충족되었거나 반대로 심하게 좌절되었을 때 그 단계에 정신적 에너지가 묶여버리는 현상입니다. 마치 강물이 흐르다가 특정 시기에 커다란 웅덩이를 만나 그곳에 에너지가 고여버리는 현상과 같습니다. 성인이 되어 스트레스나 어려운 상황에 부딪혔을 때 우리는 무의식적으로 가장 안전하고 익숙했던 시절의 행동 방식으로 되돌아가려는 경향을 보입니다.

예를 들어 구강기(0~1세)에 고착된 사람은 성인이 되어서도 입을 통해 만족을 얻으려 합니다. 과식, 흡연, 음주, 수다, 껌씹기, 손가락 빨기 등 구강기적 행동에 집착하게 됩니다. 또한, 다른 사람에게 의존하려는 성향을 강하게 보입니다. "누군가 나를 돌봐줬으면 좋겠어"라는 마음이 항상 있습니다.

항문기(1~3세)에 고착된 사람은 통제와 질서의 문제에 매달립니다. 지나치게 깔끔하고 완벽주의적이거나 반대로 아주 지저분하고 무질서한 극단적인 모습을 보입니다. 인색하거나, 완고하고, 고집이 세며, 규칙과 절차를 중시하는 성격으로 나타날 수 있습니다. 돈이나 시간을 쓰는 것에 대해 과도하게 조심스러워하기도 합니다.

남근기(3~5세)에 고착된 사람은 경쟁과 권력에 강한 집착을 보입니다. 항상 누군가와 비교하며 이기려 하고 관심의 중심에 서고 싶어 합니다. 성적 매력이나 지위로 자신을 증명하려 합니다. 이성에게 관심을 받는 것에 과도하게 집착하거나 반대로 이성을 완전히 회피하는 모습으로 나타납니다.

고착은 우리 성격의 틀을 형성하며, 우리가 세상을 바라보고 반응하는 방식에 큰 영향을 미칩니다. 하지만 이는 '잘못'이나 '병'이라기보다는 어린 시절의 환경에 적응하기 위해 나름대로 최선을 다했던 방식입니다. 그 시절에는 생존과 적응을 위해 필요했던 전략이었을 것입니다.

자신의 반복되는 행동 패턴이나 성격적 특성이 어느 시기의 흔적인지 이해하는 것은 정말 중요합니다. 이러한 패턴의 기원을 이해하는 것만으로도 그에 대한 통제력이 생기기 시작합니다.

과거에 묶인 에너지를 현재로 가져오는 것은 성장을 위한 핵심 과정입니다. 이를 통해 우리는 삶을 더 성숙하고 유연하게 살아갈 힘을 얻게 됩니다. 과거에서 완전히 벗어나기란 어려울 수 있지만, 그저 인식하고 이해하는 것만으로도 변화는 시작됩니다.

37

부모의 그림자에서 벗어나기

동일시

"초자아는 단순히 이드의 초기 대상 선택이 남긴 잔재가 아니다.
오히려 그 선택에 맞서는 강력한 반동 형성의 결과물이다."

– 지그문트 프로이트, 《자아와 원초아》

문득 거울을 들여다보다 "아, 내가 부모님을 정말 닮았구나" 하고 새삼 깨닫거나 "어느새 아버지 말투를 쓰고 있네"라며 놀랐던 경험이 한 번쯤 있을 것입니다. 혹은 친구가 "너 화낼 때 꼭 너희 어머니 같아"라고 말해서 뜨끔했던 적도 있겠지요.

우리는 자신도 모르는 사이에 중요한 사람들을 닮아갑니다. 말투, 행동, 심지어 가치관까지도 말입니다. 이런 현상을 동일시(Identification)라고 합니다. 동일시는 다른 사람의 특성을 자신의 일부로 받아들이는 심리적 과정입니다. 단순한 모방이 아닙니다. 그 사람이 되고 싶어 하거나 그 사람처럼 되어야 한다고 느끼는 깊은 심리 과정입니다.

어린 시절 동일시는 생존과 직결됩니다. 아이는 부모를 닮음으로써 부모의 사랑을 받고 보호받을 수 있다고 본능적으로 느낍니다. "엄마처럼 하면 엄마가 좋아할 거야", "아빠처럼 행동하면 아빠가 인정해줄 거야"라는 무의식적 계산이 작동하는 것입니다.

동일시에는 여러 가지 종류가 있습니다. 일차적 동일시는 아주 어린 시절 어머니와의 원시적 융합 상태에서 시작되는 것으로, '나와 엄마는 하나'라고 느끼는 단계입니다. 방어적 동일시는 두려운 대상과 동일시함으로써 그 두려움에서 벗어나려는 무의식적 시도입니다. "무서운 아빠가 두렵다. 아예 아빠와 내가 같아지면 더 이상 무섭지 않을 거야"라는 식입니다. 이상적 동일시는 존경하는 인물의 특성을 닮고 싶어 하는 건설적인 형태입니다. 좋은 선생님이나 멘토를 닮으려 하는 것이 이에 해당합니다. 반면 공격자와의 동일시는 자신을 괴롭히는 사람과 동일시함으로써 피해자에서 가해자의 위치로 옮겨가려는 시도입니다.

동일시는 성장의 원동력이 되기도 하지만, 때로는 문제를 남깁니다. 좋은 부모나 멘토의 특성을 닮아가면서 건전한 인격을 형성할 수 있습니다. 하지만 안타깝게도, 아버지의 폭력성을 그대로 물려받는 아들이 있는가 하면, 우울한 어머니를 닮아 스스로 우울의 늪에 빠지는 아이도 있습니다. 때로는 반대 동일시도 일어납니다. "절대 어머니처럼 살지는 않겠다"고 다짐하며 의식적으로 정반대의 삶을 택하기도 합니다. 하지만 그 선택의 기준점 또한 어머니이기에, 이를 진정한 자유라고 말할 수는 없습니다.

그렇다면 건강한 동일시는 어떻게 만들 수 있을까요? 먼저 자신이 누구를 닮았는지 의식적으로 관찰하고, 화가 날 때 잠시 멈춰서 생각해보세요. "내가 화낼 때 누구와 비슷한가? 내가 슬플 때 누구처럼 행동하는가?" 친한 친구나 가족에게 "내가 누구를 닮은 것 같아?"라고 물어보는 것도 도움이 됩니다.

선택적 동일시를 연습하세요. 닮고 싶은 사람의 좋은 면만 골라서 배우고 문제가 되는 부분은 의식적으로 거부하세요. "아버지의 성실함은 배우고 싶지만 화를 내는 방식은 따라 하지 않겠어"라고 구체적으로 결정하는 식입니다.

다양한 동일시 대상을 가지세요. 한 사람에게만 의존하지 말고 여러 사람의 좋은 점들을 통합해서 자신만의 독특한 개성을 만들어가세요. 어머니의 따뜻함, 아버지의 책임감, 선생님의 지혜, 친구의 유머 등을 조합해서 나만의 모습을 만드는 것입니다.

자신만의 정체성을 확립하세요. 누군가를 닮는 것도 중요하지만 결국은 자신만의 고유한 모습을 찾아가야 합니다. "나는 누구를 닮았지만, 동시에 나는 나야"라는 균형감각을 유지하세요.

부정적 동일시를 인식하고 수정하세요. 만약 문제가 있는 사람과 동일시하고 있다면 의식적으로 그 패턴을 바꿔나가세요.

처음에는 어색하고 힘들 수도 있지만 작은 변화부터 시작하면 됩니다.

  동일시는 평생 이어지는 과정입니다. 새로운 사람을 만나고 새로운 경험을 할 때마다 우리는 조금씩 달라집니다. 그 여정 속에서 우리는 결국, "나는 누구인가?"라는 오래된 질문에 조금씩 답을 찾아갑니다.

38

당신을 조종하는 내면의 목소리

내사

"초자아의 형성은 대상과의 동일시, 즉 내사의 과정을 통해 이루어진다."
– 지그문트 프로이트, 《자아와 원초아》

중요한 결정을 앞두고 "부모님이라면 어떻게 하셨을까?" 하고 되뇌어본 경험이 있을 것입니다. 어린 시절 늦은 밤, 홀로 남겨졌을 때 할머니의 따뜻한 목소리가 귓가에 생생히 맴돌던 기억도 있겠지요. 살면서 힘든 문제에 부딪혔을 땐 "아, 그때 선생님께서 이런 말씀을 하셨지"라며 해답의 실마리를 찾기도 합니다.

내사는 타인의 특성, 가치관, 목소리를 자신의 내면으로 받아들이는 과정입니다. 마치 좋은 음식을 먹어 자신의 일부로 만드는 것처럼 다른 사람의 정신적 특성을 내 안에 흡수해 통합하는 것입니다. 실제로 그 사람이 곁에 있지 않아도 그들의 목소리와 가치관은 우리 안에서 살아 움직입니다.

　어려운 순간, 문득 "어머니가 늘 하시던 말씀인데" 하고 떠올리거나 "존경하는 그분이라면 이렇게 조언했겠지"라며 마음속 목소리를 듣는 경험이 바로 내사입니다. 내사는 중요한 사람과의 연결을 유지하고 싶은 마음에서 시작됩니다. 물리적으로는 떨어져 있어도 심리적으로는 여전히 함께 있고 싶은 욕구가 작동하는 것입니다. 강하고 지혜로운 사람의 특성을 내면화하면 그들이 당장 곁에 없어도 보호받는 느낌을 얻습니다. 또한 존경하는 사람의 좋은 점을 받아들여 나만의 독특한 정체성을 만들기도 합니다.

　내사에도 긍정적인 면과 부정적인 면이 있습니다. 긍정적 내사는 사랑하고 존경하는 대상의 좋은 점을 내 것으로 만드는 과정입니다. 훌륭한 스승의 지혜, 멘토의 인품, 부모의 무조건적 사랑이 내면에서 든든한 힘이 됩니다. 반대로 부정적 내사는 공격적이고 비판적인 사람의 특성이 내 안에 자리 잡는 것입니다. 어린 시절 부모에게 들었던 "넌 왜 이렇게 공부를 못하니?" 같은 가혹한 꾸중이나, 사회생활을 하며 들은 "왜 이렇게 일을 못하세요?"와 같은 비판이 내면의 목소리가 되어 자리 잡는 것이 바로 그 예입니다.

　내사의 장점은 분명합니다. 사랑하고 존경하는 이들의 지혜와 인품이 내 성장을 돕습니다. 혼자 있어도 마음속 지지자의 목소리가 버팀목이 되어줍니다. 옳고 그름을 판단해야 하는 상황에서는 내면화된 가치관이 나침반이 되어 이끕니다. 위기 상황에서도 내면의 든든한 목소리가 용기를 주기도 합니다.

하지만 부정적 내사는 경계해야 합니다. 비판적인 목소리가 내면화되면 끊임없이 자신을 깎아내리게 됩니다. 또한 다양한 타인의 특성을 무분별하게 받아들이면 '진짜 나'가 흐려집니다. "너는 항상 실수만 해", "넌 제대로 하는 게 없어"라는 부정적 메시지가 자기 목소리처럼 들리면 위험합니다.

그래서 선별적으로 받아들이는 것이 중요합니다. 좋은 사람이라도 모든 것을 흡수할 필요는 없습니다. 긍정적인 부분만 골라내어 내면화하세요. 그러기 위해서는 "이 목소리는 누구의 것일까? 지금 나에게 정말 도움이 될까?" 하고 스스로에게 묻는 습관을 들이면 좋습니다.

결국 핵심은 타인의 목소리를 넘어 자신의 판단과 가치관을 바로 세우는 데 있습니다. "어머니라면 이렇게 말했겠지만, 나는 어떻게 생각하지?"라고 자문해보세요. 좋은 사람들과 건강한 관계를 맺으며 긍정적인 내면의 목소리를 키워간다면, 내사는 든든한 심리적 자산이 됩니다.

㊴

나의 성 정체성의 근원
—
성 정체성

"남성성과 여성성은 순수한 형태로는 존재하지 않으며, 모든 개체는 양성적 특성을 지닌다."
– 지그문트 프로이트, 《성욕에 관한 세 편의 에세이》

친구들과 함께 있을 때 "너는 참 남자답지 않다" "여자치고는 너무 강하다"라는 말을 들어본 적이 있나요? 사소한 농담처럼 들리지만 듣는 사람은 마음이 복잡해집니다. 때로는 스스로에게도 묻습니다. "나는 여자일까, 남자일까? 사람들은 나를 어떻게 보고 있을까? 사실 성별은 겉보기엔 명확해 보이지만, 실제로는 훨씬 복잡한 영역입니다.

성 정체성은 생물학적 성별, 심리적 성별, 사회적 성 역할이 복합적으로 작용해서 형성됩니다. 어린 시절부터 우리는 끊임없이 '남자다움'과 '여자다움'에 대한 메시지를 받습니다. "남자는 울면 안 돼", "여자는 얌전해야 해", "남자는 강해야 해", "여자는 예뻐야 해" 같은 사회적 기대는 우리의 정체성 형성에 강력한 영향을 미칩니다.

하지만 실제로는 모든 사람 안에 남성성과 여성성이 공존합니다. 남성에게도 부드럽고 감수성이 풍부한 면이 있고, 여성에게도 강하고 독립적인 면이 있습니다. 문제는 사회가 이런 복합성을 인정하지 않고 단순한 이분법을 강요한다는 점입니다.

성 정체성의 혼란은 여러 요인에서 비롯될 수 있습니다. 그중 하나가 부모의 성 역할 모델이 불분명한 경우입니다. 아버지가 지나치게 수동적이거나 어머니가 지나치게 지배적인 경우 아이는 혼란을 느낄 수 있습니다.

부모가 반대 성별을 더 선호하는 경우도 영향을 미칩니다. "아들이었으면 좋았을 텐데"라는 말을 자주 들은 딸이나 딸을 원했던 부모 밑에서 자란 아들은 자신의 성별에 대해 부정적인 감정을 가질 수 있습니다. 나이 들면 이런 말을 흘려들을 수 있지만, 어린 시절에는 깊은 영향을 받습니다.

성적 학대나 트라우마를 경험한 경우 자신의 성별과 관련된 끔찍한 경험이 성 정체성에 부정적인 영향을 미칠 수 있습니다. 사회적 성 역할에 맞지 않는 성향을 가진 경우도 마찬가지입니다. 남성적이지 않은 남자나 여성적이지 않은 여자는 자신이 '잘못된' 성별로 태어났다고 느낄 수 있습니다.

성 정체성의 혼란은 다양한 형태로 나타납니다. 자신의 성별에 대한 불편함, 반대 성별에 대한 과도한 동경, 성 역할에 대한 극단적인 거부나 추종, 성적 관계에서의 어려움 등이 그 예입니다.

성 정체성을 건강하게 확립하려면 어떻게 해야 할까요?

성별에 대한 고정관념에서 벗어나세요. 남성성과 여성성은 스펙트럼입니다. '~해야 한다'는 틀을 버리고, 당신만의 고유한 조합을 인정하세요.

자신의 모든 면을 받아들이세요. 감성적인 남성도, 강인한 여성도 모두 자연스럽습니다. 내 안의 다양한 면을 소중히 여기고 인정하세요.

다양한 롤모델을 찾아보세요. 전통적인 성 역할에 얽매이지 않고 자신만의 길을 걸어간 사람들에게서 영감을 얻으세요. 책을 읽으며 주인공에게 감정을 투영하거나 주변에서 자신이 되고 싶은 모습을 보여주는 사람을 찾아보는 것입니다.

자신의 감정과 욕구를 정직하게 탐구하세요. 사회의 시선에 구속받지 말고, 자신의 진정한 모습이 무엇인지 찾아보세요. 타인이 원하는 내가 아닌, 내가 원하는 나를 찾아야 합니다.

성 정체성은 평생에 걸쳐 발달하고 변화할 수 있는 유동적인 것입니다. 중요한 것은 자신을 있는 그대로 받아들이고 사회의 편견에 맞서 자신만의 진정한 모습을 찾아가는 것입니다.

… (40)

부모의 미완성된 숙제를 떠안은 아이들

정신적 유산

"우리가 현재의 우리인 것은 우리가 과거에 그러했기 때문이다."
– 지그문트 프로이트, 《자아와 원초아》

부모는 자녀에게 단순히 재산이나 외모만 물려주는 것이 아닙니다. 훨씬 더 깊고 강력한 무언가를 전해줍니다. 바로 정신적 유산입니다.

사랑하는 방식, 화를 내는 패턴, 스트레스에 대처하는 방법, 세상을 바라보는 시각까지. 이 모든 것들이 조부모에서 부모로, 부모에서 자녀로 은밀하게 전해집니다. 때로는 말로 가르치지 않는데도, 심지어 의식하지 못했는데도 말입니다.

한 여성이 있었습니다. 전쟁을 겪은 할머니, 그 불안을 고스란히 물려받은 어머니, 그리고 이유 모를 불안감에 시달리는 자신을 발견했죠. 전쟁을 겪은 적도 없는데, 일상의 매 순간이 전쟁터처럼 긴장으로 가득 차 있었습니다. 세대를 거쳐 전해진 정신적 유산이 만들어낸 결과일지도 모릅니다.

부모의 무의식이 자녀의 무의식에 직접 영향을 미칩니다. "넌 소중해"라고 말하면서도 무의식적으로는 "넌 내게 부담이야"라는 메시지를 보내는 경우가 있어요. 아이들은 말보다 이런 숨겨진 메시지를 더 예민하게 받아들입니다. 우울했던 어머니 밑에서 자란 아이는 "내가 어머니를 행복하게 해드려야 해"라는 무의식적 사명감을 느끼기도 합니다. 감정 표현이 서툰 아버지의 아들은 자신도 모르게 비슷한 패턴을 보이죠.

하지만 모든 유산이 짐은 아닙니다. 사랑하는 능력, 역경을 이겨내는 힘, 따뜻한 유머, 창의성도 함께 전해집니다. 문제는 부모 자신도 모르는 미해결된 상처들이 그대로 넘어간다는 점입니다.

특히 부모가 처리하지 못한 트라우마는 자녀에게 강력한 영향을 미칩니다. 마치 자녀가 부모의 숙제를 대신 해결해야 하는 것처럼 느껴질 때가 있습니다. 부모가 대학을 가지 못한 한이 있다는 걸 아이가 눈치챈다면, 아이는 무의식적으로 대학 혹은 사회적 성공을 신경 쓰게 될 수 있습니다.

그렇다면 어떻게 해야 건강한 유산을 물려줄 수 있을까요?

이미 부모가 된 분들이라면 '지금부터 내가 무엇을 다르게 해볼 수 있을까?'라는 질문을 던져보는 것만으로도 시작됩니다. 과거의 실수는 바꿀 수 없지만 오늘 저녁 식탁에서 아이의 이야기를 10분만 더 들어주는 것, 잘못된 말투를 반복하지 않으려 잠시 숨 고르기를 하는 것과 같은 작은 시도가 새로운 미래를 만듭니다.

부모라는 자리는 애쓰며 완벽해야 하는 자리가 아니라 인간적인 모습으로 서 있을 때 더 빛을 발할 수도 있습니다. 아이 앞에서 약속을 지키지 못했을 때 "엄마가 준비를 못 해서 미안해" 하고 솔직하게 말하는 순간, 아이는 책임지는 태도를 배웁니다. 또, 숙제를 하다가 힘들어하는 아이에게 "내 방식대로 해야 해"라며 밀어붙이기보다 "네 생각은 어때?" 하고 묻는다면 아이는 자신이 존중받고 있다고 느끼게 됩니다.

정신적 유산 역시 마찬가지입니다. 고통의 흔적이 대물림될 수도 있지만 그것을 멈추고 새로운 흐름을 만들 수도 있습니다. 어릴 적 자신이 받지 못했던 따뜻한 말 한마디를, 오늘 자녀에게 건네는 것만으로도 달라집니다. 아이가 "괜찮아, 아빠도 그럴 수 있지"라고 말해줄 때, 오래된 상처는 새로운 관계 속에서 다른 자리를 찾습니다. 아픔이 당장 사라지지 않더라도 그 경험은 가족을 한층 더 가깝게 이어주는 끈이 될 수 있습니다.

아마도 바로 지금이, 부정적인 유산을 끊고 긍정적인 흔적을 쌓아갈 수 있는 출발점일지도 모릅니다. 완벽할 필요는 없습니다. 단지 조금씩 달라지려는 태도가 아이의 기억 속에 가장 오래 남는 선물이 될 것입니다.

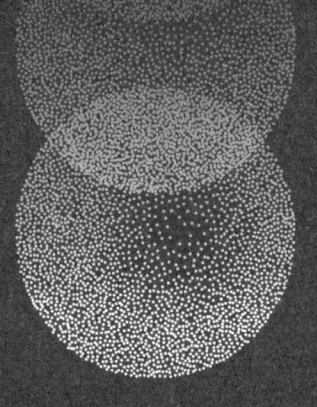

4장

무의식 너머의 심연
삶과 죽음, 그리고 진정한 자유를 향해

㊶

죽음으로 가고자 하는 본능

—

타나토스

"모든 생명체의 목표는 죽음이다."
– 지그문트 프로이트, 《쾌락 원칙을 넘어서》

인간은 왜 전쟁을 일으키고, 서로를 파괴하며, 때로는 스스로를 해칠까요? 영원히 살고 싶고, 행복해지고 싶어 하면서도 술과 담배에 의존하며 파괴적인 행동을 반복합니다.

사랑하고 창조하려는 본능만으로는 설명할 수 없는 복잡한 심리가 인간 내면에 존재합니다. 갑작스러운 자살 충동이나 누군가를 해치고 싶다는 생각에 스스로 놀란 적이 있다면 이는 '타나토스(Thanatos)', 즉 죽음 충동의 작용일 수 있습니다.

죽음 충동은 모든 생명체가 결국 무기물 상태, 즉 생명이 시작되기 이전의 평온한 상태로 돌아가려는 근원적인 본능입니다.

이는 삶의 끝없는 긴장과 갈등, 고통에서 벗어나 완전한 안식과 평화의 상태로 회귀하려는 깊은 욕구로 나타납니다. "더 이상 아프고 싶지 않아", "모든 게 귀찮아", "그냥 사라지고 싶어"라는 마음속 목소리가 바로 이 죽음 충동의 표현일 수 있습니다.

이 충동이 자기 자신을 향할 때는 자기 비난, 자해, 자살과 같은 자기 파괴적인 행동으로 나타납니다. "나는 쓸모없어", "모든 게 다 내 잘못이야"와 같은 생각의 뿌리에는 이 죽음 충동이 자리하고 있을 수 있습니다. 성공할 기회가 와도 스스로 망쳐버리거나, 관계와 건강을 해치는 선택도 이에 해당합니다.

죽음 충동이 외부로 향할 때는 공격성, 파괴, 전쟁, 폭력, 잔인함과 같은 형태로 표출됩니다. 타인을 통제하고, 상처 입히고, 파괴하려는 욕망의 근원에는 이 충동이 자리하고 있습니다. 사회에서 일어나는 많은 폭력과 갈등의 이면에도 이런 파괴적인 에너지가 흐릅니다.

인간의 삶은 삶의 애착(에로스)과 죽음 충동(타나토스) 사이의 끊임없는 투쟁의 장입니다. 사랑하고 창조하려는 힘과 미워하고 파괴하려는 힘이 우리 안에서 계속 경쟁하고 있는 거예요. 어떤 날은 살고 싶고 사랑하고 싶은 마음이 강하고, 어떤 날은 모든 게 싫고 파괴하고 싶은 마음이 올라오는 것도 이 때문입니다.

문명과 사회, 법과 도덕은 죽음 충동을 억제하고 건설적인 방향으로 전환하려는 인류의 노력입니다. 스포츠, 예술, 토론, 경쟁등은 파괴적 에너지를 건전하게 방출하는 사회적 장치들입니다.

죽음 충동은 받아들이기 힘든 개념일 수 있습니다. 하지만 인간의 파괴적이고 비합리적인 면을 이해하는 중요한 열쇠입니다. 우리 안의 파괴적 힘을 부정하지 말고 인정하세요. 그래야 휘둘리지 않습니다.

완벽하게 선하기만 한 인간은 존재하지 않습니다. 모든 인간 안에는 밝음과 어둠이 공존합니다. 그 어둠을 인정하고 이해할 때, 진정한 성숙과 통합이 가능해집니다.

불행을 반복하는 이유

반복 강박

"환자는 과거를 기억하는 대신, 그것을 반복하는 경향이 있다."
– 지그문트 프로이트, 《쾌락 원칙을 넘어서》

이상하게도 늘 자신을 함부로 대하는 연인만 만나는 사람이 있습니다. 또 어떤 사람은 중요한 기회가 올 때마다 스스로 일을 망쳐버립니다. 성인이 되어서도 어린 시절에 상처받았던 상황을 되풀이하는 사람도 있습니다. "왜 나는 항상 이런 사람만 만날까?" "왜 좋은 일이 생기면 반드시 망가뜨리게 될까?" 이런 패턴들은 운명이거나 단순한 우연이 아닙니다. 바로 반복 강박(Repetition Compulsion) 때문이죠.

반복 강박은 고통스러웠던 과거의 경험, 특히 외상을 무의식적으로 반복하려는 충동입니다. 쾌락을 추구하고 고통을 피하려는 인간의 기본 원칙을 넘어서는 이 이상한 현상은 타나토스, 즉 죽음 본능의 개념을 정립하는 데 중요한 계기가 되었습니다.

왜 우리는 행복이 아닌 고통을 반복하는 걸까요? 네 가지 주요 원인이 있습니다.

첫째, 과거의 상처를 극복하려는 무의식적 시도입니다. 과거에 수동적으로 당했던 고통스러운 상황을 현재에 능동적으로 재현함으로써, "이번에는 내가 통제하고 이겨낼 수 있다"는 환상을 통해 상처를 치유하려는 것이죠. 하지만 대부분의 경우 과거의 실패를 그대로 반복하며 더 깊은 무력감에 빠지게 됩니다.

둘째, 익숙함의 안락함 때문입니다. 아무리 고통스러워도, 익숙한 불행은 예측 가능하고 안전하게 느껴집니다. 새로운 행복은 낯설고 불안하지만, 오래된 고통은 적어도 어떻게 다뤄야 할지 알고 있으니까요.

셋째, 억압된 감정을 배출하려는 시도일 수 있습니다. 과거에 충분히 다스리지 못한 분노, 슬픔, 배신감 같은 감정들을 비슷한 상황을 만들어 다시 경험하고 표출하려는 마음입니다. 마치 드라마의 한 장면을 반복해 재생하듯 말입니다.

넷째, 자기 처벌의 욕구가 있을 수 있습니다. 깊은 무의식에 "나는 행복할 자격이 없다", "나는 벌받아 마땅하다"는 죄책감이 있을 때, 스스로 불행한 상황을 반복적으로 만들어내는 것이죠.

반복 강박의 고리를 끊기 위해서는 무엇보다 먼저 자신이 어떤 패턴을 반복하고 있는지 객관적으로 인식해야 합니다. "왜 나는 항상 이런 결말을 맞이할까?" "내 인생에서 반복되는 흐름은 무엇일까?" 이런 질문을 스스로에게 던져보고, 현재의 문제가 과거의 어떤 경험과 연결되어 있는지 탐색합니다.

패턴을 인식했다면 그 패턴이 과거에는 나름의 의미와 기능이 있었다는 걸 이해해보세요. 어린 시절에는 생존을 위해 필요했던 전략이었을 수 있습니다. 하지만 이제는 상황이 바뀌었고, 다른 선택을 할 수 있는 힘이 당신에게 있습니다.

반복 강박은 과거를 단순히 반복하는 대신, 그 경험을 기억하고 이해하며 통합할 때 비로소 벗어날 수 있습니다. 과거의 굴레에서 벗어나 새로운 선택을 할 수 있는 주체로 거듭나세요. 그렇게 하면 불행을 반복하는 운명에서 벗어날 수 있습니다.

㊸

사랑하면서도 증오하는 마음
—
양가감정

"사랑과 미움은 동시에 존재할 수 있다."
– 지그문트 프로이트, 《토템과 터부》

부모님을 사랑하면서도 때로는 심하게 미워한 적이 있나요? 연인과 함께 있으면서도 혼자 있고 싶다고 느낀 적은 없나요? "왜 나는 이렇게 복잡한 감정을 가질까?"라며 자신을 이해할 수 없었던 순간들 말입니다.

이런 복잡하고 모순된 감정을 양가감정(Ambivalence)이라고 부릅니다. 한 사람이나 상황에 대해 정반대의 감정을 동시에 느끼는 현상입니다. 많은 사람이 이를 부정적이거나 비정상이라고 생각하지만, 양가감정은 인간의 마음에서 자연스럽게 일어나는 반응입니다.

아이와 어머니의 관계를 떠올려봅시다. 엄마는 사랑과 보호의 원천이지만, 동시에 아이의 욕망을 제한하고 "안 돼"라고 말하는 존재입니다. 아이는 엄마를 사랑하면서도 "엄마가 없어졌으면 좋겠어"라는 극단적인 마음을 품을 수도 있습니다. 이런 모순된 감정 때문에 아이는 죄책감을 느끼기도 하죠.

성인이 되어서도 이런 마음의 이중성은 계속됩니다. 스승을 존경하면서도 때로는 미워할 수 있습니다. 결혼하고 싶으면서도 자유를 잃을까 두려울 수 있습니다. 성공하고 싶으면서도 실패에 대한 두려움으로 자신을 방해할 수도 있습니다.

이렇듯 모순된 감정이 생겨나는 이유는 무엇일까요?

첫째, 인간관계는 복잡하기 때문입니다. 누구든지 좋은 면과 나쁜 면을 동시에 가지고 있습니다. 부모는 사랑을 주지만 동시에 통제하기도 하고, 친구는 위로가 되지만 때로는 질투의 대상이 되기도 합니다.

둘째, 우리 내면의 욕구가 서로 충돌하기 때문입니다. 의존하고 싶은 욕구와 독립하고 싶은 욕구, 가까워지고 싶은 욕구와 거리를 두고 싶은 욕구가 동시에 존재합니다. 연인과의 관계에서 "더 가까워지고 싶으면서도 내 공간을 지키고 싶다"는 마음이 바로 이런 경우입니다.

양가감정은 여러 형태로 나타납니다. 가장 흔한 것은 사랑-미움의 양가감정입니다. 부모에 대한 복잡한 감정, 형제자매에 대한 질투와 애정이 섞인 감정이 여기에 해당합니다.

접근-회피의 양가감정도 있습니다. 친밀한 관계를 원하면서도 상처받을까 봐 거리를 두고 싶어 하는 감정입니다. 데이트하면서도 "이 사람과 더 가까워져도 될까?"라며 망설이는 마음이 바로 이것입니다.

성공을 향한 양면적 태도 역시 많은 사람이 경험합니다. 성공하고 싶으면서도 성공했을 때의 책임과 부담이 두려워서 무의식적으로 자신을 방해하는 경우입니다. 시험을 앞두고 갑자기 공부가 하기 싫어지거나 승진할 수 있는 기회 앞에서 실수하는 경우가 여기에 해당할 수 있습니다.

그렇다면 어떻게 이 복잡한 감정을 건강하게 다룰 수 있을까요? 먼저 이런 감정이 자연스럽다는 것을 인정해야 합니다. "나는 왜 이렇게 복잡한가?"라며 자신을 탓하지 마세요. 본인의 도덕성에 대해 의구심을 품을 필요도 없습니다. 복잡한 감정을 가지는 것이 오히려 풍부하고 깊이 있는 인간의 증거입니다.

두 가지 감정을 모두 인정하는 것이 중요합니다. "어머니를 사랑하지만 때로는 화가 나기도 해"라고 솔직하게 받아들이는 겁니다. 한쪽 감정을 억누르려 하면 더 큰 갈등이 생깁니다.

감정을 표현할 때도 양쪽을 모두 인정하는 것이 좋습니다. "당신을 사랑하지만, 지금은 혼자 있고 싶어요. 이유는…"이라고 말하는 것이 한쪽 감정만 표현하는 것보다 더 정직하고 건강합니다.

양가감정은 인간관계의 깊이를 보여주는 신호이기도 합니다. 정말 중요한 사람이나 상황에 대해서만 이런 복잡한 감정을 느끼게 됩니다. 별로 상관없는 사람에게는 단순한 감정만 느끼죠.

결국 상반된 감정을 이해하고 받아들이는 것은 자신과 타인을 더 깊이 아는 길입니다. 완벽한 사랑이나 완전한 미움은 없습니다. 복잡하고 모순된 감정 속에서도 균형을 찾아가는 것이 성숙한 관계의 시작입니다.

㊹

결혼과 가족
―
무의식적 관계

"모든 사랑과 선택의 뒤에는 무의식적인 기억의 잔재가 있다."
― 지그문트 프로이트, 〈사랑의 심리학에 대한 기고〉

친구의 결혼식에서 문득 이런 생각이 듭니다. '왜 하필 그 사람이었을까?' 수많은 사람 중에서 평생의 동반자로 선택한 그 사람에게는 어떤 특별한 이유가 있었을까요? 정말 의식적인 선택이었을까요?

결혼은 겉보기에는 두 개인의 만남 같아 보입니다. 하지만 실제로는 두 가족 시스템의 만남입니다. 각자가 자라온 가족의 패턴, 무의식적인 기대, 미해결된 갈등 등이 충돌하는 지점이 '결혼'입니다.

우리는 흔히 부모와는 완전히 다른 사람과 결혼한다고 생각합니다. 하지만 놀랍게도 많은 경우 배우자는 부모와 비슷한 심리적 특성을 가지고 있습니다. 겉모습은 달라도 깊은 성격 구조나 관계 패턴에서는 유사점을 발견할 수 있습니다.

이는 우리의 무의식이 익숙한 것을 추구하기 때문입니다. 부모님과의 관계가 고통스러웠어도, 익숙한 패턴은 예측 가능하고 안전하게 느껴집니다. 그래서 냉정한 어머니 밑에서 자란 사람이 감정 표현이 서툰 배우자를 선택하거나 지배적인 아버지 밑에서 자란 사람이 통제적인 배우자를 선택하는 경우가 종종 있습니다.

때로는 정반대의 선택을 하기도 합니다. "절대 어머니 같은 사람과는 결혼하지 않겠어"라고 다짐하며 완전히 다른 유형을 선택하는 겁니다. 하지만 이 역시 결국 부모에 의해 결정되는 것이므로 독립된 혼자만의 선택은 아닙니다.

결혼 생활에서는 어린 시절의 미해결된 갈등들이 재현될 수 있습니다. 부모에게 받지 못한 사랑을 배우자에게 받으려 하고, 부모와의 갈등을 배우자와의 관계에서 재연하려 합니다. 그럴 때는 자신의 가족 패턴을 한번 돌아보세요. "우리 가족은 어떻게 사랑을 표현했나? 갈등을 어떻게 해결했나? 어떤 규칙들이 있었나?" 이런 질문들을 천천히 탐구해보는 것입니다. 처음에는 어렵고 불편할 수도 있지만 자신을 알아가는 중요한 과정입니다.

배우자를 있는 그대로 보려 노력해보세요. 부모의 대체물이나 어린 시절 상처의 치유자로 보지 말고, 독립된 사람으로 받아들이는 겁니다. 쉽지 않은 일이지만 조금씩 연습해볼 수 있습니다.

과거와 현재를 분리해보는 것도 도움이 됩니다. "지금 내가 느끼는 감정이 과거의 상처 때문인가, 아니면 현재 상황 때문인가?" 이런 질문을 자신에게 던져보세요. 답을 찾는 과정에서 깊은 성찰이 일어날 수 있습니다.

완벽한 관계는 없습니다. 결혼과 가족은 개인의 성장과 치유가 일어나는 중요한 공간입니다. 과거의 상처를 반복하는 게 아니라 서로를 통해 치유하고 성장하는 관계로 만들어갈 때 진정한 행복이 가능합니다.

…

상실을 다루는 두 가지 방식

애도와 멜랑콜리

"애도에서는 세상이 공허해지지만, 우울에서는 자아 자체가 공허해진다."
— 지그문트 프로이트, 〈애도와 멜랑콜리〉

사랑하는 사람을 잃었을 때 깊은 슬픔에 빠지는 것은 자연스러운 일입니다. 그러나 시간이 흘러도 그 슬픔에서 벗어나지 못하고, 상실감이 자기 비난으로 변해 자존감이 낮아지는 경우가 있습니다. 같은 상실을 겪어도 어떤 사람은 건강하게 슬픔을 통과하고, 어떤 사람은 깊은 우울의 늪에 빠집니다. 이를 애도(Mourning)와 멜랑콜리(Melancholy)로 구분하여 이해할 수 있어요.

애도는 사랑하는 대상을 잃었을 때의 정상적이고 건강한 반응입니다. 세상이 텅 빈 것처럼 느껴지고, 모든 것이 의미 없어 보이며, 깊은 고통에 휩싸입니다. 하지만 애도는 상실을 점진적으로 받아들이고 떠나간 사람을 마음속 좋은 추억으로 간직하며 천천히 현실에 적응해 나가는 과정입니다. 건강한 애도를 통해 우리는 새로운 관계를 맺고 세상을 살아갈 힘을 되찾습니다.

누군가를 잃은 뒤에는 "그가 없어 세상이 슬프고 공허하다"고 느끼게 됩니다. 그러나 그 슬픔이 곧바로 자기 부정으로 이어지는 것은 아닙니다. "내가 그를 더 사랑해야 했는데"라는 후회는 할 수 있어도, "나는 사랑받을 자격이 없어"라는 극단적인 자기 비난으로까지 나아가지 않습니다.

하지만 이를 건강하게 극복하지 못하면 병리적 상태인 멜랑콜리에 빠집니다. 상실한 대상에 대한 애착이 끊어지지 않고, 무의식 속에서 자기 동일시가 일어나는 것입니다. 다시 말해, 사랑과 동시에 분노와 원망 같은 감정을 품었는데, 대상을 상실하면 그 적대적 감정이 자기 자신에게 향하게 됩니다. 이러한 양가감정은 멜랑콜리의 특징입니다. 그래서 멜랑콜리를 겪는 이들은 자신을 심하게 비난하고 공격하는 모습을 보입니다. 스스로를 가치 없고 죄책감에 가득 찬 존재로 느끼며, 자책과 자기비하 발언을 반복하는 것이죠.

멜랑콜리를 겪는 사람은 자신을 비난할 때 매우 구체적이고 날카로운 언어를 사용합니다. 다른 누군가가 그들에게 했던 비난을 그대로 자신에게 퍼붓는 것 같습니다. 실제로 그 말들은 떠난 사람이 자신에게 했던 말이거나 자신이 그 사람에게 하고 싶었던 말일 수 있습니다.

상실을 겪고 있다면, 그 슬픔을 충분히 느끼고 표현해야 합니다. 애도는 잃어버린 것에 대한 슬픔이지만 멜랑콜리는 상실로 다친 내 자아에 대한 문제입니다. 슬픔, 분노, 그리움, 원망 등 복잡하고 모순된 감정들을 억누르지 말고 있는 그대로 인정하세요. "그 사람이 미워"라는 감정도 자연스러운 것입니다. 만약 상실감이 점점 자기 비난과 끝없는 무기력으로 이어진다면, 그건 단순한 슬픔이 아닙니다. 멜랑콜리의 신호일 수 있습니다. 그때는 떠난 사람을 향한 복잡한 감정이 자신에게 향하는 이유를 들여다보세요.

상실의 고통을 건강하게 이겨낼 때, 우리는 더 성숙한 사람으로 성장합니다. 슬픔은 사랑의 다른 이름입니다. 그 슬픔을 온전히 느낄 수 있다는 것은 당신이 깊이 사랑할 줄 아는 사람이라는 증거이기도 합니다.

46

특별해야 살 수 있다는 비극
—
나르시시즘

"건강한 나르시시즘과 병적인 나르시시즘 사이에는 중요한 차이가 있다."
– 지그문트 프로이트, 〈나르시시즘 서론〉

주변에 대화의 스포트라이트를 늘 자신에게로 돌리는 사람이 있나요? 자신의 이야기만 늘어놓고, 칭찬을 끊임없이 원하며, 작은 비판에도 극도로 화를 내는 사람 말입니다. 당신은 그 사람의 기분을 맞추기 위해 늘 살얼음판을 걷는 기분을 느꼈을 겁니다. 이러한 관계의 중심에는 종종 나르시시즘(Narcissism)이라는 마음의 특성이 자리 잡고 있습니다.

여기에서 우리는 건강한 자기애와 타인을 존중하지 않는 병적인 자기애를 구분해야 합니다. 우리가 관계에서 어려움을 겪는 것은 바로 후자의 경우입니다. 나르시시즘 성향이 강한 사람들은 겉으로는 대단한 자신감에 차 보이지만, 그 이면에는 깊은 불안과 공허함이 숨어 있습니다. 그들은 다음과 같은 특징을 보입니다.

첫째, 끊임없는 찬사와 인정에 대한 욕구가 강합니다. 이들은 자신이 특별하고 독특하다고 믿으며 타인의 칭찬이 없으면 불안해합니다. 관심을 끌기 위해 과장된 행동을 하기도 합니다.

둘째, 공감 능력이 부족합니다. 타인의 감정이나 입장을 진정으로 이해하기보다 자신에게 어떤 영향을 미칠지만 계산합니다. 친구가 힘들어해도 "그래서 나에게 뭘 원하는데?"라고 생각하는 식입니다.

셋째, 비판에 극도로 민감합니다. "이 부분이 좀 아쉽다"는 작은 지적조차 자신의 존재 전체에 대한 공격으로 받아들입니다. 겉으로는 분노와 경멸로 맞서지만, 내면은 '나는 쓸모없는 인간'이라는 깊은 수치심에 잠식당합니다.

이 견고해 보이는 자기애는 역설적으로 '사랑받지 못한 아이'의 깊은 결핍에서 비롯되었습니다. 어린 시절, 있는 그대로의 모습으로 사랑받지 못하고 성취나 완벽함을 통해서만 인정을 받은 경험이 내면에 깊이 각인된 것입니다.

한 내담자는 이렇게 고백했습니다. "어머니는 제가 1등 할 때만 안아줬어요. 상장을 받으면 자랑스러워했지만, 평범한 성적표에는 실망한 표정을 숨기지 못하셨죠." 그는 성인이 되어서도 완벽하지 않으면 사랑받을 자격이 없다고 굳게 믿었습니다.

이처럼 "있는 그대로의 나는 사랑받을 수 없다"는 믿음은 완벽하고 특별한 '가짜 자아'를 만들어냅니다. 진짜 자신은 깊이 숨긴 채, 사람들이 좋아할 만한 이상적인 가면을 쓰고 살아가는 것입니다. 이러한 내면 구조 속에서 타인은 독립된 인격체가 아닌 자신의 존재 가치를 입증하고 이미지를 관리하기 위한 수단이 됩니다.

이런 사람들과 관계를 맺을 때 몇 가지 원칙을 기억하면 도움이 됩니다.

경계를 명확히 하세요. 나르시시즘이 강한 사람들은 종종 다른 사람의 경계를 침범합니다. "미안하지만 그건 들어주기 어려워"라고 분명히 선을 긋는 것이 중요합니다. 그들의 감정 쓰레기통이 되어주거나, 무리한 부탁을 들어주지 않아도 괜찮습니다.

직접적인 비판은 피하되 사실에 집중하세요. "너는 항상 이기적이야"라고 말하는 대신 "방금 상황에서 내 의견도 들어줬으면 좋겠어"라고 구체적으로 표현하는 것이 낫습니다. 감정적 반응을 예상하고 준비하세요. 당신이 아무리 조심스럽게 말해도 그들은 비판으로 받아들일 수 있습니다.

그들의 자아상을 완전히 무너뜨리려 하지 마세요. 나르시시즘 뒤에는 종종 깊은 불안과 열등감이 숨어 있습니다. 그들의 자존감을 완전히 공격하면 더 극단적인 반응을 불러올 수 있어요.

대신 작은 현실을 조금씩 받아들일 수 있도록 도와주세요.

자신의 감정을 보호하세요. 나르시시즘이 강한 사람들은 종종 다른 사람을 비난하거나 무시합니다. 이게 당신의 가치를 결정하지 않습니다. 그들의 말에 일일이 상처받지 말고, 필요하다면 거리를 두는 것도 괜찮습니다.

변화를 강요하지 마세요. 나르시시즘은 쉽게 바뀌지 않는 성격 패턴입니다. 당신이 아무리 노력해도 그들은 쉽게 변하지 않을 가능성이 높습니다. 우리가 바꿀 수 있는 것은 그들이 아닌 그들을 대하는 우리의 태도와 마음입니다.

⑷7⃝

사소한 것들을 더 선명하게 기억하는 이유

위장기억

> "우리가 어린 시절로부터 간직하고 있는 기억은 대개 중요한 사건이 아니라, 지극히 사소한 것들이다."
>
> – 지그문트 프로이트, 〈덮개 기억에 관하여〉

오래된 앨범을 넘기듯 기억을 더듬다 보면 이상한 점을 발견합니다. 인생을 송두리째 흔든 사건, 가슴이 찢어질 만큼 아팠던 순간들은 흐릿한 흑백사진처럼 바래 있는데, 오히려 아무 의미 없어 보이는 풍경은 유난히 또렷합니다. 저는 아직도 시골 할머니 댁의 지붕 모양을 기억합니다. 이상하게도 친구에게 따돌림을 당했던 상황, 시험에 떨어진 날, 동생이 태어난 순간 같은 사건들은 희미합니다. 왜 우리의 기억은 중요한 건 흐리게, 사소한 건 선명하게 남길까요?

이런 기억을 위장기억(Screen Memory)이라 부릅니다. '덧씌운 기억' 혹은 '차폐기억'이라고도 부르죠. 말 그대로 진짜 중요한 기억을 가리기 위해 스크린처럼 덧씌워진 대체 기억입니다. 이 기억들은 그 자체로는 중요하지 않지만 우리가 감당하기 힘든 충격적인 경험이나 금지된 욕망과 관련된 진짜 기억을 숨기는 역할을 합니다. 위장기억은 두 가지 방식으로 작동합니다.

첫째는 대치입니다. 고통스러운 기억의 내용은 그대로 둔 채, 그 감정만 사소한 다른 기억으로 옮겨놓는 것입니다. 부모님이 심하게 다투던 날의 불안감은 잊어버리고 그날 저녁에 먹었던 과자의 맛만 유독 생생하게 기억하는 경우입니다.

둘째는 융합입니다. 여러 시간대에 일어났던 여러 사건의 조각들을 하나로 합쳐 완전히 새로운 가짜 기억을 만들어내는 것입니다. 나중에 가족들에게 말하면 '그런 적 없는데?'라는 말만 돌아옵니다. 분명히 기억하는데 말이죠.

왜 이런 현상이 일어날까요? 마음이 스스로를 지키기 위해서입니다. 어린 시절의 성적 호기심, 왕따, 상실 같은 경험은 너무 위협적입니다. 무의식은 그 경험을 똑바로 기억하는 대신, 덜 아픈 모습으로 바꿔서 숨겨둡니다.

위장기억에는 몇 가지 특징이 있습니다. 이상할 정도로 선명한데, 별것 아닌 장면인데도 색깔, 냄새, 질감까지 생생하게 기억나는 경우가 많습니다. 또한 과거의 어떤 장면이 반복적으로 떠오르거나 평범한 장면인데 유독 슬프거나 불안한 감정이 따라오기도 합니다.

위장기억은 진실을 감추면서 동시에 그 흔적을 남기는, 무의식의 정교한 타협물인 셈입니다. 당신의 마음에 남아서 지워지지 않는 사소한 기억이 있다면 그 풍경 뒤에 숨겨진 이야기를 확인해볼 필요가 있습니다.

그런 기억이 있다면, 당신에게 어떤 감정을 불러일으키나요? 그 기억과 연결된 다른 생각들은 무엇인가요? 우리의 기억은 과거를 담은 사진이 아니라 현재의 우리가 재구성한 한 편의 소설과 같습니다. 그 소설의 행간을 읽어낼 때, 우리는 자신도 몰랐던 내면의 진실과 마주하게 될 것입니다.

㊽

문명을 얻은 원시인은 행복할까?
—
문명

"문명이 개인에게 요구하는 것은 원초적 본능의 포기다."
– 지그문트 프로이트, 《문명 속의 불만》

그런 생각해보신 적 있나요? 과연 원시시대에 사는 게 좋았을까? 아니면 지금처럼 문명 사회에 사는 게 좋은 걸까?

법과 제도는 우리를 외부의 위협으로부터 보호합니다. 과학 기술은 삶을 편리하게 만들었습니다. 인간은 역사상 그 어느 때보다 안전하고 풍요로운 문명(Civilization)을 이룩했습니다. 하지만 우리는 정말 그만큼 더 행복해졌을까요? 오히려 현대 사회는 전례 없는 수준의 불안과 우울, 소외감으로 가득 차 있습니다.

이 역설의 원인은 문명의 본질 그 자체에 있을지도 모릅니다. 문명은 개인의 행복을 희생시킨 대가로 세워진 것입니다. 문명이 유지되기 위한 첫 번째 조건은 인간의 가장 강력한 두 가지 본능, 즉 성적 욕망과 공격성을 통제하는 것입니다.

만약 모든 사람이 자신의 욕망과 공격성을 아무런 제약 없이 표출한다면 사회는 즉시 파멸할 것입니다. 따라서 문명은 법, 도덕, 종교와 같은 정교한 장치를 통해 개인의 본능을 억제하도록 요구합니다.

이 과정에서 가장 중요한 역할을 하는 것이 바로 '초자아'입니다. 외부의 금지와 규칙은 내면화되어 우리 마음속의 경찰관인 초자아가 됩니다. 이 초자아는 우리가 나쁜 행동을 했을 때뿐만 아니라, 나쁜 생각이나 욕망을 품기만 해도 우리를 공격하며 죄책감을 느끼게 합니다. 이 죄책감이야말로 문명이 개인을 통제하는 가장 효과적인 수단이며, 문명인이라면 누구나 겪어야 하는 만성적인 불안의 근원입니다.

결국 우리는 본능을 자유롭게 추구하며 얻는 강렬한 행복의 가능성을 포기하는 대신, 문명이 제공하는 안전과 안정을 선택한 셈입니다. 이는 생존을 위한 불가피한 거래였지만 그 대가는 결코 작지 않습니다.

우리의 본능은 완전히 사라지지 않고 무의식 속에 억압되어 끊임없이 출구를 찾으려 합니다. 초자아와의 갈등 속에서 우리는 영원히 완전히 만족할 수 없는 존재가 되었습니다. 본능과 도덕 사이에서 무의식은 끊임없이 고통받습니다.

따라서 현대인이 느끼는 막연한 불안과 공허함은 개인의 나약함 때문이 아닐 수 있습니다. 이는 문명인으로 살아가기 위해 치러야 하는 숙명적인 대가일지도 모릅니다. 이 피할 수 없는 긴장을 이해하는 것은 우리 자신과 사회의 모순을 이해하는 출발점입니다.

그렇다고 원시시대로 돌아가거나 문명 없이 살아갈 수는 없는 상황입니다. 또, 그런 원시적 사회는 우리를 더 불행하게 만들 겁니다. 매일 생존 자체를 위해 싸워야 하는 것보다 지금이 나을 수밖에 없습니다. 그럼 우리는 어떻게 해야 할까요? 우리는 예술, 학문, 일과 같은 '승화'의 활동을 통해 본능의 에너지를 건설적으로 사용할 수 있습니다. 이를 통해 위안을 찾고, 문명과 본능 사이에서 균형을 잡으며 살아가야 합니다.

㊾

투사된 적대감의 망상
—
편집증

"편집증에서는 '나는 그를 사랑한다'가 '그가 나를 박해한다'로 변형된다."
– 지그문트 프로이트, 〈한 편집증자의 자서전에 대한 정신분석적 고찰〉

카페에서 커피를 마시는데, 옆 테이블에서 웃음소리가 납니다. 순간, '저 사람들이 나를 비웃는 걸까?'라는 생각이 스칩니다. 길을 걷다 뒤에서 발소리가 들리면, 누가 따라오나 싶어 뒤를 힐끔 돌아봅니다. 회사 복도에서 동료들이 대화하다가 내가 지나가면 조용해지거나 시선을 피할 때, '분명 내 험담을 하다가 들켰구나'라고 확신합니다. 이런 순간들이 편집증(Paranoia)의 씨앗입니다. 우리 내면이 외부 세계를 왜곡해서 읽는 심리 게임 말입니다.

편집증의 핵심은 투사입니다. 자신의 적대감이나 공격성을 받아들이지 못해, 이를 밖으로 떠넘기는 것이죠. "내가 그를 미워한다"를 인정하지 못해 "그가 나를 미워한다"로 바꿔버립니다. 그러면 나는 선량한 피해자, 상대는 악한 가해자가 됩니다.

직장에서 동료들에게 경쟁심을 느끼면서도 그 감정을 부정하는 사람이 있다고 해봅시다. 승진에서 밀려나고 인정받지 못하는 상황에서 속으로는 분노가 치밀지만, 그런 자신을 받아들이기 어려워합니다. 그러면 그의 무의식적 감정은 "동료들이 나를 모함한다", "상사가 나를 미워한다"는 믿음으로 변환됩니다. 실제로는 자신이 그들을 경계하고 질투하고 있는 것인데, 투사를 통해 정반대로 느끼게 됩니다.

타인이 나를 비난한다고 느끼는 마음은 사실 내가 나 자신에게 보내는 진실일 수 있습니다. 그렇다면 왜 우리는 이런 고통스러운 각본을 스스로 쓰는 걸까요? 편집증의 뿌리는 위태로운 자존감입니다. '나는 별 볼일 없는 존재'라는 불안을 감추기 위해, 오히려 '나는 모두의 주목을 받는 특별한 존재'라는 망상을 만들어내는 겁니다. '무시당하느니, 차라리 미움받는 편이 낫다'는 심리가 작동하는 셈입니다.

또한 편집증적 사고를 가진 사람들은 자신이 믿고 싶은 증거만 받아들이는 경향이 강합니다. 확증 편향이 극단적으로 나타나는 것입니다. 우연의 일치도 음모로 해석하고, 무심한 행동도 적대적 신호로 받아들입니다. 예를 들어 동료가 복도에서 인사를 안 했다면 "분명 나를 싫어해서 일부러 무시한 거야"라고 해석하고, 상사가 회의에서 자신을 안 봤다면 "나를 따돌리려는 신호야"라고 받아들이는 식입니다. 과한 해석입니다.

편집증의 가장 전형적인 특징은 관계 망상입니다. 모든 일이 자신과 관련이 있다고 믿는 것이죠. TV 뉴스도 자신에게 메시지를 보내는 것 같고, 길거리에서 들리는 대화도 모두 자신에 대한 이야기로 들립니다. 세상이 자신을 중심으로 돌아간다고 느낍니다. 이는 역설적으로 자신이 얼마나 중요한 존재인지 확인하려는 무의식적 시도이기도 합니다.

하지만 이런 사고에 빠지면 결국 고립됩니다. 모든 사람을 의심하다 보니 진정한 관계를 맺지 못합니다. 외로움은 깊어지고, 그 외로움이 다시 편집증적 사고를 강화합니다. 악순환이 이어집니다. 그래서 타인의 적의가 느껴질 때, 잠시 멈춰 내 안을 향해 질문을 던져야 합니다.

"내가 지금 진짜 두려워하는 건 뭘까?"

투사를 거두고 솔직한 감정과 마주할 때, 편집증적 고통은 약해집니다. 세상은 당신이 생각하는 것보다 당신에게 관심이 없습니다. 진짜 적은 외부에 있는 게 아닙니다. 세상을 향한 시선은 당신의 안에서 시작됩니다. 내면의 갈등과 화해할 때 진정한 평화가 찾아옵니다.

50

몸이 대신 우는 사람들

신체화 장애

"히스테리 환자는 주로 회상으로 인해 고통받는다."
– 지그문트 프로이트, 《히스테리 연구》

저는 스트레스를 받으면 늘 위가 아픕니다. 신경 쓰이는 일이 생기면 어깨가 돌처럼 굳어버립니다. 병원에 가서 검사를 해도 돌아오는 말은 똑같습니다. "별 이상 없습니다. 아마 신경성일 거예요." 몸이 아픈데 의학적으로는 원인을 찾을 수 없어서 더욱 답답할 따름입니다. 그렇게 제 서랍에는 원인 모를 통증을 위한 소화제와 진통제만 쌓여갑니다.

이상하지 않나요? 마음이 힘들 때마다 왜 몸이 아플까요? 이는 단순한 우연이 아닙니다. 당신의 몸이 가장 취약한 부위를 통해, 마음이 차마 하지 못하는 이야기를 대신 전하는 신체화

(Somatization) 현상 때문입니다.

몸의 증상이 모두 물리적 원인에서 비롯되는 것은 아닙니다. 때로는 마음의 고통이 몸의 언어로 번역되어 나타나는 경우가 있습니다. 마음은 참으로 영리합니다. 받아들이기 힘든 감정이나 기억을 직접 마주하는 대신, 몸의 증상으로 바꿔서 표현합니다. 억눌린 감정이나 받아들이기 어려운 현실이 직접 드러나지 않고 신체 증상으로 변환되는 것이죠. 몸이 일종의 대변자처럼 "나는 지금 너무 힘들다"고 외치는 셈입니다. 구체적인 사례들을 살펴보면 이런 패턴이 더욱 명확해집니다.

한 젊은 여성은 어느 날 갑자기 목소리를 잃었습니다. 의학적으로는 아무 문제가 없었습니다. 치료 과정에서 그녀가 아버지의 불륜을 목격했다는 사실이 밝혀졌습니다. '말하면 안 되는 것을 봤다'는 충격이 '말할 수 없는 증상'으로 나타난 것이었죠.

또 다른 경우로, 심한 복통을 호소하는 분이 계셨습니다. 검사상으로는 이상이 없었는데, 알고 보니 어린 시절 어머니의 폭력에 대한 트라우마가 원인이었습니다. "배가 아프다"는 것은 "마음이 아프다"는 의미였던 거죠.

직장에서 상사의 부당한 대우를 참던 남자는 만성 위염을 앓았습니다. 삼키기 힘든 현실이 실제 소화 장애로 나타난 거죠. 집에서 늘 침묵해야 했던 여성은 만성 인후염에 시달렸습니다. 말하지 못한 분노와 슬픔이 목에 걸려 있던 것입니다. 어려운 상황에서 '도망가고 싶다'는 마음이 다리 통증으로, '짊어진 짐이 너무 무겁다'는 감정이 어깨와 목 결림으로 나타나기도 합니다.

이러한 마음의 언어는 특히 감정 표현이 금기시된 환경에서 자란 사람들에게서 더 자주 나타납니다. "울지 마", "꾹 참아", "괜찮아"라는 말을 들으며 자란 아이는 자신의 감정을 인식하고 표현하는 법을 배우지 못합니다. 대신 마음의 상처를 몸의 통증으로 나타내는 법을 터득합니다. 그 방법이 더 안전하고, 더 쉽게 이해받을 수 있기 때문입니다.

신체화에는 몇 가지 특징이 있습니다.

- 의학적 검사로는 원인이 나오지 않는다.
- 증상은 상징적 의미를 지닌다.
- 스트레스 상황에서 심해진다.
- 감정적 갈등과 시기적으로 겹친다.

증상은 무의식이 보내는 중요한 메시지일 수 있습니다. 당신의 몸이 마음의 아픔을 대신 말하고 있는 것입니다. 원인을 알 수 없는 신체 증상이 반복된다면 이렇게 질문해보세요. "내 몸은 지금 무슨 말을 하려는 걸까?" "이 통증이 상징하는 감정은 뭘까?" "내 인생에서 뭐가 소화되지 않고 있나?" "무엇 때문에 숨이 막히는 걸까?"

증상이 언제 시작됐는지, 어떤 상황에서 심해지는지 관찰해보세요. 그 패턴 속에 단서가 숨어 있습니다. 몸은 거짓말하지 않습니다. 다만 우리가 잊어버린 마음의 언어를 기억하고 있을 뿐입니다. 몸의 증상이 마음의 언어라면 그 언어를 이해하려고 노력해보세요. 증상 뒤에 숨어 있는 진짜 메시지를 찾을 때, 진정한 치유가 시작됩니다.

⑸1

왜곡된 성적 발달
—
성도착과 페티시즘

"페티시즘은 거세 불안에 대한 방어이자 부인의 메커니즘이다."
– 지그문트 프로이트, 〈페티시즘〉

일반적인 방식과는 조금 다른 형태로 성적 만족을 느끼는 사람들이 있습니다. 누군가는 스타킹이나 구두 같은 특정 물건에, 다른 누군가는 특정 신체 부위에 강렬하게 이끌리기도 하고, 어떤 이들은 특별한 역할극이나 상황 속에서만 비로소 짜릿한 흥분을 느끼죠. 이는 성도착(Paraphilia)이나 페티시즘(Fetishism)입니다. 흔히 단순한 성적 취향의 문제로 치부되지만 사실은 심리 발달 과정의 왜곡과 깊은 관련이 있습니다.

이러한 성적 고착은 어린 시절 발달의 어느 지점에서 에너지가 멈춘 결과입니다. 마치 강물이 흐르다 거대한 바위에 막혀 엉뚱한 웅덩이에 고여버리는 것처럼, 성적 에너지도 원래 흐르던 방향을 잃고 대체 대상에 머무르게 됩니다.

예를 들어 여성의 신발에 집착하는 남성이 있다고 해봅시다. 그는 어릴 때 여성과의 관계에서 호기심과 불안을 동시에 느꼈을 수 있습니다. 하지만 그 감정을 마주하기엔 너무 두려웠고, 결국 여성 전체 대신 '신발'이라는 안전한 일부에 에너지를 쏟게 된 거죠. 그에게 신발은 여성성을 상징하지만 거절도 상처도 주지 않습니다.

예측 가능하고 통제 가능한 대상. 그게 바로 페티시즘의 본질입니다. 페티시즘은 종종 관계에 대한 두려움과 연결되어 있습니다. 살아 있는 사람은 내 뜻대로 되지 않지만 물건은 그렇지 않죠. 그 자리에 가만히 있고, 거부하지 않고, 배신하지 않습니다. 상처받을 용기가 없는 마음이 택한 가장 안전한 방식입니다.

이는 권력과 통제의 문제와도 깊이 연결됩니다. 어린 시절 무력감을 경험한 사람은 성인이 되어 성적 상황에서 절대적 통제를 원하기도 하죠. 반대로, 어떤 이들은 완전히 복종하고 지배당하는 역할에 몰입하며 안정감을 찾기도 합니다. 둘 다 동등한 인격체와 감정을 주고받는 진짜 친밀감이 주는 불안을 견디지 못하기에, 차라리 일방적인 권력 놀이를 택하는 것입니다. 가장 무력했던 순간을 성적인 연극으로 재현하며 '이번에는 내가 통제권을 쥐고 있다'고 믿고 싶은 마음의 절박한 연출일 수 있습니다.

어떤 사람들은 가학적이거나 피학적인 성향을 보입니다. 이는 사랑과 고통이 뒤섞인 어린 시절과 연관이 있습니다. 학대받으면서도 그게 유일한 관심이었다면 고통을 통해서만 사랑을 느끼게 됩니다. "아파야 사랑받는다", "고통받아야 관심을 받는다"고 학습된 것입니다. 단, 해석할 때 주의할 점이 있습니다. 가학적이라고 해서 꼭 어린 시절 문제는 아닙니다.

중요한 것은 성도착 자체를 도덕적으로 문제 삼는 게 아닙니다. 건전하고 친밀한 관계와 진정한 사랑을 가로막는 요소가 있는지 살펴야 합니다. 서로 만족한다면 크게 문제 될 것이 없습니다. 하지만 이런 패턴 때문에 깊이 있는 관계가 지속적으로 어렵고, 애정이 식고, 상대방과 진정한 소통과 유대감을 느끼기 힘들다면 다릅니다. 그 뒤에 숨은 불안과 상처를 용기 있게 마주할 필요가 있습니다.

욕망의 뿌리를 탐색하는 일은 쉽지 않지만 의외로 많은 단서를 제공합니다. 특정 대상이나 상황에 집착할 때, 그것이 단순한 취향인지 아니면 과거 경험을 보상하려는 무의식의 흔적인지 곱씹어 볼 수 있습니다. 욕망을 도덕의 잣대가 아니라 마음이 보내는 신호로 바라보면 숨겨진 자신과 솔직하게 마주할 수 있습니다. 그리고 그 과정을 통해 타인과의 관계 역시 이전보다 더 깊고 자유롭게 이어질 수 있습니다.

52

마음 굴뚝을 청소하는 방법

카타르시스

"증상은 억압된 기억이 해소될 때 사라진다."
– 지그문트 프로이트, 《히스테리 연구》

친구에게 깊은 고민을 털어놓고 마음이 한결 가벼워진 경험이 있나요? 눈물을 펑펑 쏟아낸 뒤 가슴을 짓눌렀던 답답함이 사라지는 듯한 느낌 말입니다. 우리는 이런 순간을 카타르시스(Catharsis)라고 부릅니다.

정신분석은 '안나 O'라는 한 여성 환자의 치료에서 시작되었습니다. 그녀는 팔다리 마비, 시야 흐림 같은 심각한 신체 증상으로 고통받았습니다. 그런데 최면 상태에서 과거의 고통스러운 기억과 감정을 쏟아낼 때마다 놀랍게도 증상이 사라지는 것을 발견했습니다. 치료가 마음에 들었던 그녀는 이 과정을 '굴뚝 청소'라고 부르고는 했습니다.

카타르시스는 정신분석의 가장 오래된 개념이자, 모든 '말하는 치료'의 핵심 원리입니다. 사람은 큰 상처를 줄 만큼 충격적인 사건을 겪으면, 그 당시 느꼈던 감정까지 무의식 속에 눌러 담습니다. 하지만 억눌린 감정은 사라지지 않습니다. 대신 신체 증상이나 불안, 강박처럼 다른 형태가 변형되어 다시 우리 앞에 나타납니다.

제대로 해소되지 못한 감정은 결국 몸의 취약한 부위에서 터져 나옵니다. 이러한 고통스러운 감정의 표출을 건강하게 유도하는 것이 바로 카타르시스입니다. 카타르시스는 억압된 기억을 다시 떠올리고, 그때 미처 표현하지 못했던 슬픔, 분노, 두려움 같은 감정들을 밖으로 표출함으로써 감정 에너지를 해소하는 과정입니다. 이는 마치 말이나 눈물을 통해 마음속 감정의 독을 빼내는 것과 같습니다. 곪은 상처를 터뜨려 고름을 짜낼 때처럼 아프지만, 치유를 위한 가장 중요한 순간이죠.

물론 감정을 터뜨리는 것만으로 모든 문제가 해결되지는 않을 수 있습니다. 하지만 고통에 이름을 붙이고, 억눌린 감정을 안전하게 표현하는 일은 모든 심리 치유의 가장 중요한 출발점입니다. 막혔던 고통이 시원하게 흘러나오는 그 순간, 비로소 진정한 해방이 시작됩니다.

53

무의식을 의식으로

자신을 아는 여정

"정신생활의 과거는 무의식 속에서 계속 살아있다."
– 지그문트 프로이트, 《토템과 터부》

가끔 이런 순간이 찾아옵니다.

"아, 그래서 내가 그랬구나!"

마치 안경을 쓰는 순간 흩어진 세상이 또렷해지듯 그동안 이해되지 않던 내 감정과 행동이 선명해지는 때가 있습니다. 왜 비슷한 사람에게 끌리는지, 왜 똑같은 상황에서 늘 같은 반응을 보이는지, 왜 성공이 두려운지 그 이유가 보입니다. 이것이 바로 '통찰(Insight)'의 순간입니다.

통찰은 머리로만 아는 지식이 아닙니다. 가슴에서 울리고, 온몸으로 느껴지는 '아하!'의 깨달음입니다. 책 읽다 고개 끄덕이는 정도가 아니라, 뼛속까지 파고드는 자각입니다.

예를 들어 완벽주의에 시달리던 한 여성이 있었습니다. 어느 날 그녀는 "나는 완벽해야만 사랑받을 수 있다고 믿어왔구나"라는 사실을 진심으로 깨달았습니다. 그 순간, 어린 시절 부모에게 조건부로만 사랑받았던 기억이 떠올랐습니다. 그리고 지금의 강박적 행동이 과거와 하나로 이어졌다는 걸 알게 되었죠.

이런 깨달음은 아프기도 합니다. 외면하고 싶던 진실을 마주해야 하니까요. 하지만 그 고통은 상처 소독할 때의 따가움과 비슷합니다. 잠깐은 쓰리지만, 치유로 가는 필수 과정입니다. 진실을 직면하는 용기야말로 자유로 가는 첫걸음입니다.

자신을 이해하려면 우선 감정을 판단하지 않고 바라보는 연습이 필요합니다. "왜 이렇게 화내지? 내가 유치한가?"라고 자책하기보다, "지금 나는 화가 나 있구나. 이 화 밑바닥엔 뭐가 있을까?" 하고 묻는 겁니다. 과학자가 현상을 관찰하듯, 호기심과 따뜻한 시선으로 자신을 지켜보는 겁니다.

또한 반복되는 패턴을 알아차리는 것도 중요합니다. 늘 같은 상황에서 감정이 폭발하거나 비슷한 문제로 관계가 깨지는 경험이 있나요? "나는 왜 항상 날 무시하는 사람에게만 끌릴까?" "왜 기회만 오면 스스로 망쳐버릴까?" 이런 질문을 던지다 보면 무의식의 흔적이 드러납니다. 알아차리는 순간부터 치유는 시작됩니다.

통찰은 혼자만의 힘으로만 이루어지지 않습니다. 믿을 수 있는 친구, 가족, 혹은 치료자와의 대화 속에서 더 깊은 이해가 열립니다. 다른 사람의 눈을 통해 자신을 볼 때, 혼자서는 보지 못했던 사각지대가 드러납니다.

일기 쓰기도 좋은 도구입니다. 매일의 감정과 생각을 기록하고, 시간이 지나 다시 읽어보면 숨겨진 패턴이 보입니다. "나는 스트레스받을 때마다 이렇게 반응하는구나." "이 감정은 예전에도 같은 상황에서 느꼈던 거였구나." 스스로 발견할 수 있죠.

꿈을 기록하는 것도 방법입니다. 꿈은 무의식이 건네는 메시지입니다. 직접 말할 수 없는 마음이 상징으로 드러나는 경우가 많습니다.

통찰은 한 번의 깨달음으로 끝나지 않습니다. 목적지가 아니라 여정입니다. 깨달음을 얻을 때마다 조금씩 더 자유로워지고, 무의식의 노예에서 벗어나 의식적으로 선택할 수 있는 주체가 됩니다.

이 여정은 평생 이어집니다. 살아가며 끊임없이 자신을 알아가고, 성장하고, 변해가는 것. 그것이야말로 삶의 소중한 의미 중 하나입니다. 결국 자신을 알아가는 여정은 자신을 사랑하게 되는 여행이기도 합니다.

(54)

진정한 자유를 향한 길
—
자유

"인간이 행복하기 위해 태어났다는 의도는 창조의 계획 속에 들어 있지 않다."
– 지그문트 프로이트, 《문명 속의 불만》

무의식을 들여다보는 여정은 깊고 어두운 바다를 항해하는 일과 같습니다. 우리는 무의식의 심연을 들여다보았고, 원초아의 거친 물결과 초자아의 날카로운 목소리를 마주했습니다. 어린 시절에 그려진 성격의 지도를 따라 헤매기도 했고, 방어기제라는 안개 속에서 길을 잃기도 했습니다.

이 긴 항해 끝에 도달할 목표는 상처 없는 완벽한 인간이 되는 것이 아닙니다. 그런 사람은 존재하지 않으며, 그럴 필요도 없습니다. 진정한 성장은 흩어진 마음의 조각들을 모아 '나'라는 하나의 그림을 그려가는 일입니다. 이것이 바로 "이드가 있던 곳에 자아가 있게 하라"는 과업의 실현, 즉 무의식의 충동을 의식적으로 이해하고 통합하는 과정입니다.

성숙한 사람은 자신의 그림자를 남에게 떠넘기지 않습니다. 그 안에서 자기 모습을 찾아냅니다. 고통스러운 과거를 반복하지 않고, 그 패턴을 알아차려 다른 선택을 할 줄 압니다. 감정을 억누르거나 무시하지 않고, 그 신호에 귀 기울여 삶의 방향을 잡습니다.

과거는 바꿀 수 없지만 그 영향은 바꿀 수 있습니다. 상처는 지워지지 않지만 그와 함께 살아가며 새로운 의미를 만들어갈 수 있습니다. 가령, 어린 시절에 겪었던 거절의 상처가 어른이 된 지금까지도 관계의 불안을 일으킨다고 해봅시다. 성장은 과거와 현재의 나를 구분하고, 다른 선택이 가능하다는 사실을 깨닫는 데서 시작됩니다.

"나는 더 이상 그때의 내가 아니다. 지금의 나다운 새로운 선택을 할 수 있다."

이 변화의 중심에는 '자기 연민'이 있습니다. 실수한 자신을 비난하는 대신, 따뜻하게 일으켜 세우는 힘입니다. 오랫동안 당신을 몰아붙이던 내면의 비판자, 초자아의 목소리를 줄이고 그 자리에 지혜롭고 다정한 조언자를 세우는 일입니다.

진정한 자유는 상처가 없는 상태가 아닙니다. 상처를 받았음에도 불구하고 다시 사랑하고, 다시 일하며, 다시 도전하는 힘입니다. 과거에 묶여 주저앉기보다 그 경험을 디딤돌로 삼아 더 높은 곳으로 나아가는 지혜입니다. 당신의 불안, 우울, 강박은 결코 적이 아닙니다. 무기력하게 하루 종일 누워 있고 싶을 때는 그동안 쌓인 피로를 쉬어가라는 마음의 요구일 수 있습니다. 작은 실수 하나에 집착하거나 문을 반복해서 확인하는 강박은 내가 통제하지 못하는 것을 두려워한다는 표시일지 모릅니다. 이렇게 감정을 싸워야 할 대상으로만 보지 않고, 메시지를 가진 안내자로 바라볼 때 마음은 전혀 다른 의미를 띱니다.

이제 당신은 마음이라는 공간에 머무는 손님이 아닙니다. 그 집의 주인이 되어 당신만의 의미 있는 이야기를 써내려 가길 바랍니다.

제2부

인류에 세 번째 모욕을 가한 자,
지그문트 프로이트 이야기

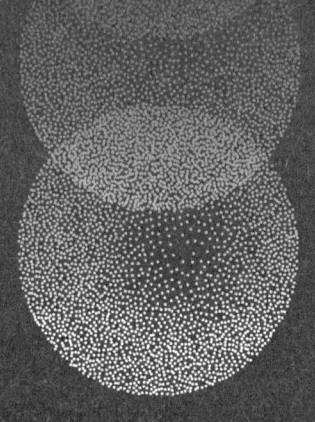

Scene #1

한 소년은 어떻게 심리학자가 되었나?

(1856~1880)

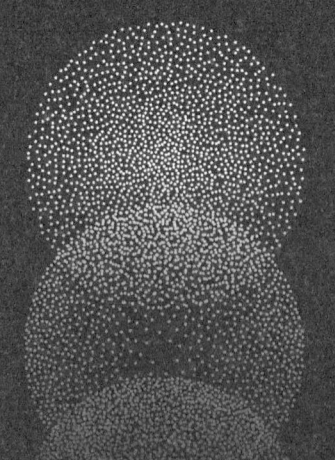

1856년 5월 6일, 오스트리아 제국의 작은 마을 프라이베르크. 한 아이가 양막을 뒤집어쓴 채 태어났습니다. 양막은 아기를 감싸는 양수 주머니로, 보통은 출산 과정에서 터지지만 드물게 그대로 태어나는 경우가 있습니다. 산파는 이를 불길한 징조라 여겼지만, 할머니의 생각은 달랐습니다. "이 아이는 세상을 바꿀 위인이 될 것"이라고 예언했죠. 훗날 그녀의 말은 맞아떨어집니다. 그 아이는 인간의 마음속 깊은 어둠을 탐험하며 무의식이라는 신대륙을 발견한 지그문트 프로이트였습니다.

그의 어머니 아말리아는 20세의 젊은 여성이었습니다. 아버지 야코프는 40세의 양털 상인이었습니다. 하지만 사업이 잘 풀리지 않아 가족은 늘 경제적으로 불안정했습니다. 이런 어려운 환경에서 태어난 첫째 아들 프로이트는 어머니의 각별한 애정을 받았습니다. 아말리아는 깊은 애정을 담아 아들을 '황금 지기(Goldener Sigi)'라고 불렀습니다. 이는 '황금 같은 아이'라는 뜻으로, 프로이트가 어머니에게 얼마나 소중한 존재였는지 보여주는 애칭입니다.

하지만 이 가정에는 고전 소설 속 클리셰처럼 등장하는 비극보다 더 복잡한 비밀이 숨어 있었습니다. 아버지는 이미 두 번의 결혼을 했고, 첫 번째 결혼에서 얻은 두 아들이 있었죠. 그중 큰 아들 에마누엘은 프로이트의 어머니와 나이가 비슷했습니다. 상상해보세요. 프로이트의 어머니가 20세였는데, 이복형도 20세였습니다. 어린 프로이트에게 이복형은 때로는 아버지처럼, 때로는 어머니의 사랑을 두고 경쟁하는 연적처럼 느껴졌을 것입니다.

"내가 3세 때였습니다. 기차를 타고 어딘가로 가고 있었는데, 갑자기 어머니가 보이지 않았어요. 나는 울면서 어머니를 찾았습니다. 그때 느낀 절망감과 공포는 말로 표현할 수 없는 수준이었습니다."

이 장면! 프로이트가 훗날 회상한 이 기억이 그의 평생 이론이 될 줄 누가 알았을까요? 어린 시절의 분리 불안, 어머니에 대한 강렬한 애착, 그리고 아버지와의 복잡한 관계. 이 모든 것이 훗날 세상을 뒤흔들 '오이디푸스 콤플렉스 이론'의 씨앗이 되었습니다.

프로이트가 4세가 되던 해, 그의 가족은 모든 것을 정리하고 비엔나로 떠났습니다. 당시 비엔나는 왈츠와 오페라, 카페 문화로 유명한 화려한 도시였지만, 유대인들에게는 보이지 않는 벽이 존재하는 곳이기도 했습니다.

어느 날, 어린 프로이트는 충격적인 장면을 목격합니다. 거리에서 한 남자가 아버지의 모자를 떨어뜨리며 "유대인 놈은 비켜!"라고 소리쳤습니다. 그런데 아버지는 그저 조용히 모자를 주워 쓰고 길을 비켜준 것입니다.

"아버지는 그냥 길을 비켜주셨습니다. 하지만 저는 그때 아버지가 영웅처럼 맞서 싸우기를 바랐습니다."

이때 어린 프로이트의 마음에는 두 가지 상반된 감정이 동시에 자리 잡았습니다. 아버지에 대한 실망과 동시에, 그런 약한 아버지를 보호하고 싶은 마음. 훗날 그가 양가감정이라고 이름 붙인 복잡한 감정의 출발점이었습니다.

학창 시절 프로이트는 그야말로 천재였습니다. 독일어, 라틴어, 그리스어는 물론 프랑스어, 영어, 스페인어, 이탈리아어까지 자유자재로 구사했습니다. 마치 언어 수집가 같았죠. 특히 괴테와 셰익스피어의 작품에 푹 빠져 살았는데, 이때의 경험은 훗날 그의 글에 문학적 감수성을 더하는 밑거름이 되었습니다.

하지만 진짜 전환점은 다윈의 《종의 기원》을 읽으면서 찾아왔습니다. '인간이 동물로부터 진화했다면, 우리 내면에도 원시적 욕망이 존재하는 게 아닐까?' 하는 의문이 18세 소년의 머릿속을 가득 채웠습니다.

1873년, 프로이트는 비엔나대학교 의학부에 입학합니다. 사실 의사가 되고 싶어서라기보다, 당시 유대인에게 허락된 몇 안 되는 '괜찮은' 직업이었기 때문입니다. 하지만 운명은 묘한 법. 그는 에른스트 브뤼케 교수의 생리학 연구실에 들어가면서 '진짜 과학'의 세계를 맛보게 됩니다.

브뤼케는 "모든 생명 현상을 물리학과 화학으로 설명할 수 있다"고 믿는 철저한 과학자였습니다. 프로이트는 이 스승으로부터 '모든 현상에는 반드시 원인이 있다'는 과학적 사고의 기초를 배웠습니다. 이는 곧 '인간의 마음도 어떤 근본적 원인이 있다'는 생각으로 이어졌습니다.

그 당시 사람들의 사고방식은 대부분 단순했습니다. '원래 그런 거지, 뭐.' '신의 뜻일 거야.' 하지만 프로이트는 다르게 생각했습니다. '인간의 마음도 분명한 작동 원리가 있다… 인간의 행동은 자유의지로 움직이는 것 같지만, 그 뒤에는 근본적인 법칙이 숨어 있다.' 그의 내면에는 인간 본성에 대한 의심이 싹트기 시작했습니다.

프로이트의 첫 연구 주제는 놀랍게도 장어의 성 기관이었습니다. 그는 수백 마리의 장어를 해부하며 생식 구조를 밝혀냈습니다. 이 기묘한 연구가 훗날 인간의 성적 욕망을 과감히 탐구하게 되는 출발점이 되었습니다.

Scene #2

마음은 왜 아픈 몸을 만드는가?

(1881~1896)

1881년, 프로이트는 마침내 의학박사가 되었습니다. 그러나 연구만으로는 먹고살 수 없었습니다. 마르타 베르나이스라는 여성과 결혼을 약속한 터라 돈이 절실했습니다.

신경학을 전공한 그는 비엔나 종합병원에서 인턴으로 일하며 기묘한 환자들을 만나게 됩니다. 몸에는 아무 이상이 없는데 팔다리가 마비되거나 멀쩡한 눈으로 실명을 호소하는 여성들이었습니다. 당시 의사들은 이 증상을 '히스테리'라 이름 붙이고는, 그저 '여자의 꾀병'이라며 대수롭지 않게 치부해버렸습니다.

1885년, 29세의 프로이트는 인생의 전환점을 맞습니다. 파리 유학에서 살페트리에르 병원의 장 마르탱 샤르코 교수를 만난 것입니다. 샤르코는 최면을 통해 히스테리 환자들을 치료하는 혁신적인 의사였습니다.

"제 눈앞에서 벌어진 일이 믿기지 않았습니다. 최면 상태의 여성이 의사의 암시만으로 갑자기 팔이 마비되거나 경련을 일으켰습니다!"

프로이트에게는 세계가 뒤집히는 순간이었습니다. 마음이 몸을 이렇게 강력하게 지배할 수 있다니. 샤르코는 또 하나의 중요한 사실을 보여주었습니다. 히스테리가 남성에게서도 나타난다는 점이었습니다. 이전까지 의학계는 히스테리를 여자의 꾀병이라 부르며 '자궁이 이동해서 생긴다'는 식의 황당한 설명을 고집했습니다. 샤르코의 연구는 기존 의학계의 편견을 산산조각 낸 것입니다.

파리에서 돌아온 프로이트는 개인 병원을 열었습니다. 하지만 기존 치료법들은 형편없었습니다. 전기 치료, 마사지, 목욕 요법을 시도했지만 효과라고는 눈을 씻고 찾아볼 수 없었죠.

그때 만난 운명적 파트너가 요제프 브로이어였습니다. 브로이어는 안나 O라는 특별한 환자의 이야기를 들려주었습니다. 실제 이름은 베르타 파펜하임으로, 21세의 젊은 여성이었습니다. 아버지의 병간호를 하면서 온갖 신경증 증상에 시달리고 있었습니다.

브로이어의 치료법은 혁명적이었습니다. 최면 상태에서 안나 O가 고통스러운 기억을 떠올리고 그때의 감정을 토해낼 때마다, 관련된 증상이 마법처럼 사라졌습니다. 환자였던 안나 O는 이를 '굴뚝 청소' 또는 '대화 치료'라고 불렀습니다.

"이거다!" 프로이트는 직감했습니다. 억압된 기억을 의식으로 끌어올리는 것만으로도 치유가 가능하다는 사실을 깨달은 것입니다. 그들은 이 방법을 '카타르시스 요법'이라 불렀습니다. 그리스어로 '정화'를 의미하는 단어였습니다.

잠재된 욕망은 어디로 가는가?

프로이트가 최면 치료를 시작한 지 몇 년 후, 심각한 문제가 생겼습니다. 환자 10명 중 절반 이상이 최면에 제대로 걸리지 않았습니다. 최면에 성공한 환자들마저 깨어난 뒤 기억을 잃어버리는 경우가 잦았습니다. 더 큰 문제는 최면 상태에서 드러난 기억들의 진위였습니다. 프로이트는 그 기억들이 사실과 다른 '가짜'일 수 있다고 의심했습니다.

"최면 그 이상의 방법을 찾아야 한다."

프로이트는 완전히 새로운 접근법을 개발했습니다. 바로 '자유연상'이었습니다. 환자를 편안한 의자에 눕히고, 머릿속에 떠오르는 모든 생각을 검열 없이 말하도록 했습니다. 처음에 환자들은 당황했습니다. "무엇을 말해야 할지 모르겠어요." "이상한 생각들만 떠올라요." "이런 것도 말해도 되나요?"

프로이트는 성급히 개입하지 않았습니다. 묵묵히 기다렸습니다. 몇 주가 지나자 놀라운 패턴이 드러났습니다. 겉보기에 무의미해 보이는 단어와 장면들이 사실은 서로 연결되어 있었습니다. '빨간 장미'를 떠올리면, 그다음에는 '어머니의 립스틱', 그리고 '첫사랑'으로 이어지는 식이었습니다. 더욱 흥미로운 순간은 환자가 갑자기 말을 멈추거나 화제를 바꾸려 할 때였습니다.

"바로 그 지점에 뭔가 중요한 것이 숨어 있다."

이것이 '저항'의 발견이었습니다. 무의식이 고통스러운 진실에 접근하는 것을 막는 힘이었습니다. 이 발견으로 프로이트는 무의식과 의식 사이에 무언가 계층이 존재한다고 확신하게 되었습니다.

운명의 꿈 – 이르마의 주사

1895년 7월 24일 밤, 프로이트는 평생 잊지 못할 꿈을 꿉니다. 바로 '이르마의 주사' 꿈입니다.

꿈속에서 그는 치료에 실패한 환자 이르마를 만났습니다. 꿈속 이르마는 여전히 목이 아프다고 호소했습니다. 프로이트가 그녀의 목을 들여다보니 끔찍한 하얀 상처가 보였습니다. 그때 동료 의사들이 나타나 진단을 내렸습니다.

"이것은 오토 박사가 놓은 더러운 주사 때문입니다."

깨어난 프로이트는 즉시 이 꿈을 분석했습니다.

"이 꿈에서 나는 치료에 실패한 책임을 다른 의사에게 떠넘김으로써 죄책감에서 벗어나려 했구나…"

그는 자신이 무의식 속에서 죄책감을 피하려 했음을 깨달았습니다. 이 경험은 꿈 이론의 핵심이 됩니다. 프로이트는 꿈을 단순한 현상으로 보지 않았습니다. 꿈은 우리의 억압된 소망을 안전하게 충족시키려는 '무의식의 시도'라고 생각했습니다. 1900년 출간된 《꿈의 해석(Die Traumdeutung)》에서 프로이트는 확신에 찬 선언을 합니다.

"꿈은 무의식으로 가는 왕도이다!"

무의식이라는 신세계

프로이트가 발견한 무의식은 기묘한 세계였습니다. 그곳에는 논리도 시간의 질서도 없었습니다. 사랑과 미움이 동시에 존재했습니다. 과거와 현재가 뒤섞여 있었습니다. 죽은 자가 살아 있는 자와 대화하는 등 불가능한 일들이 자연스럽게 펼쳐졌습니다.

무의식에서는 모든 것이 상징으로 표현되었습니다. 길고 뾰족한 물건은 남성 성기를, 동굴이나 상자는 여성 성기를 나타냈습니다. 계단을 오르는 것은 성적 행위를, 죽음은 새로운 시작을 상징했습니다. 이러한 발견들은 훗날 정신분석학의 토대가 되었습니다.

"인간의 정신세계 안에는 의식이 접근할 수 없는 거대한 영역이 따로 존재한다. 그곳에서 우리의 진정한 동기와 욕망이 작동하고 있다."

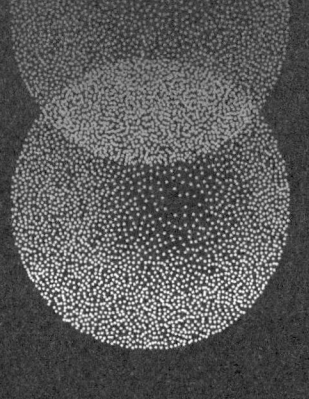

Scene #3

사랑과 미움, 어디서 시작되는가?
(1897~1919)

프로이트는 환자들을 치료하던 중 큰 충격을 받습니다. 환자들의 자유연상을 들으며 공통점을 찾아낸 것입니다. 신경증 환자들의 90퍼센트 이상이 어린 시절의 성적 경험과 관련된 기억을 가지고 있었습니다.

19세기 말 빅토리아 시대 사람들은 어린이를 천사와 같은 순수한 존재로 여겼습니다. 성은 오직 성인 남녀 사이에서만 존재하는 것이라고 믿었습니다. 하지만 프로이트의 발견은 이런 통념을 완전히 뒤엎었습니다.

"유아기부터 성적 충동이 존재한다는 점을 부인할 수 없었습니다. 갓난아기도 젖을 빠는 행위에서 쾌감을 느낍니다. 2세 아이도 배변 활동을 통해 만족감을 얻습니다. 이 어린 시절의 경험은 평생에 걸쳐 영향을 미칩니다. 성인이 되었을 때의 성격과 행동 양식을 결정하게 되는 것입니다."

유혹 이론에서 환상 이론으로

처음에 프로이트는 '유혹 이론'을 내세웠습니다. 아이가 실제로 성인에게 성적 학대를 당한 경험이 신경증의 직접적 원인이라고 본 것입니다. 하지만 시간이 지나면서 의문이 생겨났습니다.

환자들의 이야기를 종합해보니 비엔나의 거의 모든 아버지가 딸을 성적으로 학대했다는 결론이 나왔습니다. "이게 과연 가능한 일일까? 설마 이렇게 많은 아이가 학대를 당했을까?" 프로이트는 점점 의심하기 시작했습니다.

1897년 9월, 프로이트는 중요한 깨달음을 얻습니다. 문제의 핵심은 실제 사건이 아니라 아이들의 성적 환상과 소망이 더 중요하다는 것이었습니다. 아이들 역시 자연스럽게 성적 호기심을 품고, 부모에 대한 복잡한 감정을 품었습니다.

오이디푸스 콤플렉스의 탄생

그리고 나온 것이 바로 그 유명한 '오이디푸스 콤플렉스'입니다. 고대 그리스 비극 작가 소포클레스의 작품 《오이디푸스 왕》에서 따온 이름이었습니다. 오이디푸스는 아버지를 죽이고 어머니와 결혼한 그리스 신화의 인물입니다.

프로이트의 이론에 따르면, 3세에서 5세 사이의 남자아이는 어머니를 독점하고 싶어 합니다. 동시에 아버지를 경쟁자로 여깁니다. 심지어 제거하고 싶은 충동을 느낍니다. 하지만 아버지의 보복이 두려워 이런 충동을 의식하지 않으며 억압합니다.

"처음에는 저도 이 이론을 받아들이기 어려웠습니다. 하지만 제 어린 시절을 분석해보니 모든 것이 명확해졌습니다."

프로이트는 용감하게 자기 분석을 했습니다. 그는 자신의 과거를 냉정하게 돌아보았습니다. 두 살 어린 동생 율리우스가 태어났을 때 느꼈던 강렬한 질투감, 동생이 8개월 만에 죽었을 때의 은밀한 쾌감과 죄책감, 어머니 아말리아에 대한 독점욕과 애착, 아버지 야코프에 대한 양가감정… 모든 것이 오이디푸스 콤플렉스 이론과 정확히 일치했습니다.

성적 발달 단계의 제시

1905년, 프로이트는 《성욕에 관한 세 편의 에세이》를 발표했습니다. 당시로서는 파격적이고 충격적인 내용이었습니다. 그는 인간의 성적 발달 과정을 5단계로 나누어 설명했습니다. 각 단계에서 욕구가 충족되지 못하면 성인이 된 뒤 심리적인 문제가 생긴다고 보았습니다.

구강기(0~1세): 입과 입술을 통해 쾌감을 얻는 시기입니다. 젖을 빨고, 무엇이든 입에 넣으려 합니다.
항문기(1~3세): 배변 활동을 통해 만족감을 얻는 시기입니다. 참았다가 배출하는 행위에서 쾌감을 느낍니다.
남근기(3~5세): 성기를 중심으로 한 쾌감의 시기입니다. 오이디푸스 콤플렉스가 나타납니다.

잠복기(6~12세): 성적 충동이 억압되어 겉으로 드러나지 않는 시기입니다. 학습과 사회화에 집중합니다.

생식기(12세 이후): 성적 충동이 다시 활성화되어 이성에 대한 관심이 본격화됩니다.

프로이트는 각 단계에서 충분한 만족을 얻지 못하면 그 단계에 고착되어 평생 그 특성을 보인다고 했습니다.

"구강기에 고착된 사람은 말을 많이 하거나 술을 자주 마신다."

"항문기에 고착된 사람은 지나치게 깔끔하거나 인색하다."

예상대로 세상은 그를 향해 돌을 던졌습니다.

"어린아이들에게 성욕이 있다니, 말도 안 된다!"

반응은 격렬했습니다. 동료 의사들은 그를 "변태적 환상에 사로잡힌 의사"라고 비난했습니다. 환자들도 하나둘 떠나갔습니다. 비엔나 의학회는 그의 발표를 거부했고, 대학에서의 승진도 막혔습니다. 이 주장은 지금 내놓아도 거센 반발을 불러올 텐데, 100년 전이라면 오죽했겠습니까.

게다가 당시 비엔나는 반유대주의 정서가 짙었습니다. 프로이트가 유대인이라는 사실은 거부감을 더욱 키웠습니다. "유대인 의사가 우리 기독교 문명을 더럽히려 한다"는 비난까지 쏟아졌습니다. 그러나 훗날 이 '어설퍼 보였던 생각'은 인간의 정신적 발달과 성격 형성을 이해하는 핵심 열쇠가 되었습니다.

"마치 사막의 외로운 탐험가가 된 기분이었습니다. 새로운 대륙을 발견했다고 확신하지만, 아무도 저를 믿어주지 않았습니다. 하지만 진실은 결국 승리할 것이라고 믿었습니다."

프로이트는 굴복하지 않았습니다. 오히려 더 치열하게 연구하고 더 많은 글을 썼습니다. 고립된 상황이 오히려 그를 더욱 몰입하게 만들었습니다.

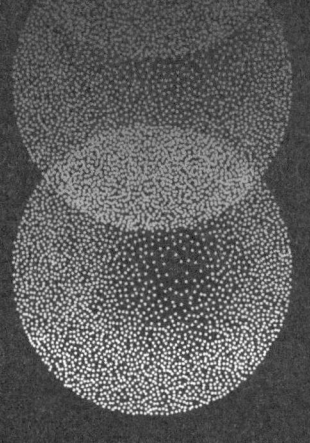

Scene #4

인간은 왜 죽음을 추구하는가?
(1920~1929)

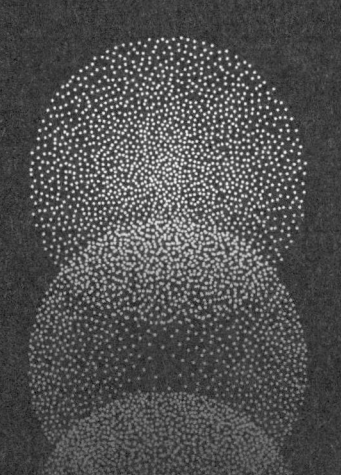

1920년대에 들어서면서 프로이트의 관심은 개인을 넘어 문명 전체로 확장되었습니다. 제2차 세계대전의 참상과 개인적 상실을 경험한 그는 인간과 문명의 관계에 대해 더욱 깊이 사색하게 됩니다. 개인의 정신분석에서 사회 전체의 정신분석으로 시야가 넓어진 것입니다.

"개인의 심리적 문제가 개인의 탓일까? 사회가 개인에게 영향을 미치는 게 아닐까?"

여기서 중요한 관점의 변화가 일어났습니다. 프로이트는 이제 '인간 개개인'이 아니라 '인류 전체'를 하나의 거대한 환자로 보기 시작했습니다. 이는 단순한 연구 영역의 확장이 아니었습니다. 개인의 무의식에서 발견한 법칙들이 집단에서도 똑같이 작동한다는 것을 깨달았기 때문입니다.

죽음 충동의 발견

전쟁이 끝난 후 프로이트는 새로운 유형의 환자들을 만났습니다. 그들은 전쟁 신경증을 겪는 환자들로, 꿈에서 끔찍한 전투 장면을 반복적으로 보았습니다.

이 현상은 기존의 '쾌락 원칙'으로 설명할 수 없었습니다. 프로이트는 인간이 기본적으로 고통을 피하고 쾌락을 추구한다고 믿었습니다. 그렇다면 당연히 꿈에서도 즐거운 장면을 꿔야 할 텐데, 사람들의 심리는 달랐습니다. 오히려 고통스러운 꿈을 꾸며 고통을 추구하는 듯 보였습니다. 이에 프로이트는 자신의 기존 이론에 의문을 품기 시작했습니다.

프로이트는 손자 에른스트의 놀이에서도 비슷한 패턴을 발견했습니다. 18개월 된 아이는 실을 감은 나무 장난감을 침대 밖으로 던지며 "Fort!(없어졌다!)"라고 말했습니다. 그러고는 다시 끌어당기며 "Da!(있다!)"라고 외치는 놀이를 반복했습니다. 이 모습은 마치 아이가 의도적으로 고통을 만들어내는 것처럼 보였습니다.

어머니가 외출할 때마다 불안해하던 아이는 놀이를 통해 상실과 회복을 반복적으로 재현했습니다. 고통스러운 경험도 자신이 통제할 수 있게 되면, 어느 정도 극복할 수 있다는 것을 보여주었습니다. 하지만 여기서 중요한 것은 아이가 굳이 고통스러운 상황을 재현한다는 점이었습니다. 프로이트는 이를 이상하게 생각했습니다.

개인적 비극과 이론의 확신

1920년 1월 25일, 프로이트에게 비극이 닥쳤습니다. 둘째 딸 소피가 스페인 독감으로 27세가 되던 해에 갑작스럽게 세상을 떠난 것입니다.

프로이트가 가장 사랑했던 딸 소피는 건강하고 아름다웠으며, 두 아이의 어머니로서 행복한 가정을 꾸리고 있었습니다. 그랬던 딸의 갑작스러운 죽음은 그에게 감당할 수 없는 충격과 슬픔을 안겨주었습니다.

소피의 죽음은 개인적으로는 헤아릴 수 없는 고통이었습니다. 하지만 동시에 프로이트에게 죽음 충동 이론에 대한 확신을 더욱 강화시켰습니다. 죽음이 삶의 궁극적 목표이며, 모든 생명체가 결국 그 목표를 향해 나아간다는 것을 몸소 체험한 것입니다. 이론과 현실이 잔혹하게 일치하는 순간이었습니다.

의견을 덧붙이면 이런 사고방식은 프로이트 자신의 방어기제처럼 보이기도 합니다. 딸의 죽음은 너무 슬픈 나머지 받아들이기 힘든 고통이었을 것입니다. 그는 '죽음은 나쁜 것이 아니라 인간이 추구하는 목표 중 하나'라고 합리화했습니다.

무의식에 숨겨진 또 다른 본능, 죽음 충동

1920년 《쾌락 원칙을 넘어서》에서 프로이트는 충격적인 새 이론을 제시했습니다. 바로 '죽음 충동(타나토스)'이었습니다. 이는 그의 기존 이론 체계를 근본적으로 뒤흔드는 발견이었습니다.

인간은 죽음을 두려워하는 것 같지만 실상 '죽음을 추구' 하는 무의식이 있다고 생각했습니다.

모든 생명체에는 삶을 발전시키려는 에로스와 함께, 무기물 상태로 돌아가려는 근본적 충동인 죽음 충동도 존재한다는 것을 깨달았습니다. 생명체는 자신만의 방식으로 죽고 싶어 합니다. 이는 생명이 본질적으로 무기물에서 나왔으므로, 그 원시 상태로 돌아가려는 충동을 갖는다는 논리였습니다.

이 이론은 혁명적이었습니다. 인간에게는 자기 파괴적인 충동이 내재되어 있으며, 이 충동이 전쟁, 폭력, 자살, 사고의 근원이 됩니다. 죽음 충동은 공격성으로 외부에 표출되거나 자학적 행동으로 내부로 향합니다. 프로이트는 인간이 '쾌락'을 추구한다고 믿었지만, 점차 '고통' 또한 추구한다는 걸 알게 됩니다.

집단 심리학의 통찰

1921년 《집단심리학과 자아분석》에서 프로이트는 충격적인 통찰을 제시했습니다. 개인이 집단 속에서 어떻게 변화하는지를 분석한 것입니다.

프로이트는 생각했습니다. 교양 있고 합리적인 개인도 집단 속에서는 전혀 다른 존재가 됩니다. 이 현상이 그를 기묘하게 만들었습니다. 집단은 진리보다 환상을 선호합니다. 논리보다 감정에 의해 움직입니다. 지도자에 대한 맹목적 복종을 보입니다.

이는 개인의 이성이 집단의 무의식에 압도당하는 현상입니다. 개인의 초자아는 집단 앞에서 힘을 잃습니다. 그 결과, 집단 속의 개인은 비판적 사고 능력을 상실하게 됩니다. 대신 원시적 감정과 충동에 지배당합니다.

집단은 마치 최면에 걸린 것처럼 행동합니다. 지도자의 말에 무조건적으로 따릅니다. 프로이트는 이를 '집단적 퇴행'이라고 불렀습니다. 개인이 집단에 속하면 정신 연령이 어린아이로 돌아간다는 뜻입니다.

이 관찰은 당시 유럽에서 부상하고 있던 파시즘과 전체주의를 정확히 예견하는 것이었습니다. 히틀러가 권력을 잡기 10년도 전에 프로이트는 이미 대중 선동의 심리적 메커니즘을 간파하고 있었습니다. 집단이 어떻게 이성을 포기하고 감정의 노예가 되는지를 과학적으로 분석한 것입니다.

이는 프로이트가 발견한 가장 중요한 역설이었습니다. 개인일 때는 합리적이던 인간이, 집단의 일부가 되는 순간 완전히 비이성적으로 변모한다는 것이었죠. 마치 여러 원소가 결합해 완전히 새로운 물질이 탄생하는 화학 현상과 비슷했습니다.

구강암 진단과 삶의 변화

1923년 4월, 프로이트에게 청천벽력 같은 소식이 전해졌습니다. 구강암 진단을 받은 것입니다. 67세가 되던 해에 찾아온 죽음의 그림자였습니다.

처음에는 단순한 백반증으로 여겼던 병변이 악성 종양으로 판명되었습니다. 하루빨리 수술이 필요한 상황이었습니다. 턱뼈와 구개 일부를 제거하는 대수술이 필요했습니다. 당시 의료 기술로는 매우 위험한 수술이었으며 생존율도 높지 않았죠.

수술 후 프로이트의 일상은 완전히 바뀌었습니다. 말하기와 식사가 매우 어려워졌습니다. 특수 제작된 의치를 착용해야 했습니다. 평생 사랑해온 시가도 끊어야 했습니다. 하루 20개비의 시가는 그의 사색을 도와주는 동반자였는데, 이제 그마저 포기해야 했습니다. 하지만 프로이트는 놀라울 정도로 의연했습니다. 그는 딸 안나에게 편지를 썼습니다.

"안나야, 죽음이 내 곁에 와 있다는 것을 매일 느낀다. 하지만 이상하게도 이 사실이 나를 더 차분하게 만든다. 남은 시간 동안 정말 중요한 것들에 집중할 수 있게 되어 좋구나."

죽음 충동 이론을 제시했던 그가 이제 실제로 죽음과 마주하며 그 이론을 체험하고 있었습니다. 어찌 보면 자신의 타나토스 이론을 몸소 실험하는 상황이었죠. 이론이 현실이 되는 순간이었습니다.

이후 16년 동안 프로이트는 30차례가 넘는 수술을 받아야 했습니다. 매번 수술은 고통스러웠지만, 죽음의 위협 앞에서도 그는 지적 활동을 멈추지 않았습니다. 오히려 더욱 깊이 있는 사색과 글쓰기가 이어졌습니다. 마치 시간이 얼마 남지 않았다는 것을 알기에 더욱 절실하게 작업에 몰두하는 모습이었습니다.

또 다른 상실의 고통

같은 해인 1923년 6월 19일, 프로이트에게 또 다른 비극이 닥쳤습니다. 그가 다른 무엇보다 애지중지하던 손자 하인츠 루돌프가 결핵으로 4세라는 어린 나이에 세상을 떠난 것입니다.

하인츠는 3년 전에 세상을 떠난 딸 소피의 아들이었습니다. 프로이트는 다른 손자들과 달리 이 아이를 유난히 아꼈습니다. 총명하고 사랑스러운 아이의 죽음은, 소피를 잃고 얻은 상처를 다시 벌려놓았습니다. 이중의 상실이었습니다.

딸과 손자를 연달아 잃는 고통을 어떻게 말로 표현할 수 있을까요? 아무리 프로이트라도 이 아픔 앞에서는 연약한 인간에 불과했습니다.

하인츠를 잃은 후, 그는 다른 손자들을 더는 진심으로 사랑할 수 없게 되었다고 고백했습니다. 또다시 모든 것을 잃을 수 있다는 두려움 때문이었습니다. 그는 자신의 상처 입은 마음을 냉정하게 분석한 끝에 깨달았습니다. 마음 깊은 곳에서는 아이들을 사랑하지만, 의식이 그 사랑을 의도적으로 밀어내고 있음을. 더 큰 고통을 피하려는 한 인간의 필사적인 자기 방어였습니다.

종교에 대한 정면 비판

1927년 《환상의 미래》에서 프로이트는 종교를 정면으로 비판했습니다. 종교를 "인류의 집단적 강박 신경증"이라고 규정한 것입니다. 이는 당시로서는 급진적인 주장이었습니다. 유럽 사회 대부분이 기독교 문화권이었습니다. 신성모독이라는 비난이 쏟아질 것은 뻔한 일이었습니다.

프로이트의 종교 분석은 오이디푸스 콤플렉스 이론에서 출발했습니다. 오이디푸스 콤플렉스란 아이가 아버지에게 느끼는 복잡한 감정을 말합니다. 프로이트는 신이 허구라고 생각했습니다. 신은 그저 우리가 어릴 때 의존했던 아버지의 이미지를 우주적 규모로 확대한 것에 불과하다고 보았습니다. 인간은 무력하고 불안한 존재이기 때문에 전능한 아버지 같은 신을 가상으로 만들어냈다는 분석입니다.

좀 더 구체적으로 설명하면 이렇습니다. 오이디푸스 콤플렉스에서 느꼈던 강력한 아버지에 대한 두려움과 의존감이 종교적 믿음의 뿌리가 된다고 보았습니다. 어린아이가 아버지를 두려워하면서도 보호받고 싶어 하는 마음, 이 감정이 성인이 되어서도 계속된다는 것입니다. 프로이트는 종교를 온전히 '심리학적 현상'으로 설명해냈습니다.

여기서 중요한 것은 현실 도피 욕망입니다. 프로이트에 따르면 종교적 믿음은 현실을 회피하려는 유아적 욕망에서 비롯됩니다. 죽음에 대한 공포는 물론이고, 자연재해에 대한 무력감, 도덕적 갈등에 대한 불안을 종교적 환상으로 달래려 한다는 것입니다. 성인이 되어서도 어린 시절의 심리적 의존 상태에 머물러 있는 모습이 바로 종교라고 진단했습니다.

결국 프로이트에게 종교란, 인간의 정신이 아직 유아기적 단계에 머물러 있다는 증거에 불과했습니다. 인류의 위대한 정신적 유산으로 여겨져 온 종교를 단순히 '개인의 미성숙' 문제로 격하시켰으니, 당대 사회가 받은 충격은 엄청났습니다.

그렇다면 프로이트가 바라보는 종교의 미래는 어땠을까요? 의외로 낙관적이었습니다. 프로이트는 인류가 성숙해지면 종교의 가치는 사라질 것이라고 믿었습니다. 종교에 기대는 행위는 유아기적 의존의 흔적에 불과하며, 과학과 이성이 발전하면 자연스레 필요 없게 되리라 본 것입니다. 그는 종교 없는 미래를 확신에 차서 예견했습니다.

이 주장은 당시 사회에 큰 파장을 일으켰습니다. 독실한 기독교인들은 물론이고 동료 정신분석가들도 프로이트의 극단적 반종교적 입장에 우려를 표했습니다. 하지만 프로이트는 자신이 옳다고 믿는 진실을 사회와 타협하지 않고 주장했습니다. 그에게는 과학자로서 진실을 말해야 한다는 사명감이 있었고, 자신의 신념에 대한 확신도 있었습니다.

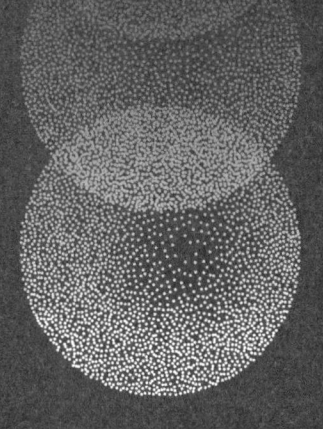

Scene #5

문명은 왜 우리를 불행하게 만드는가?
(1930~1938)

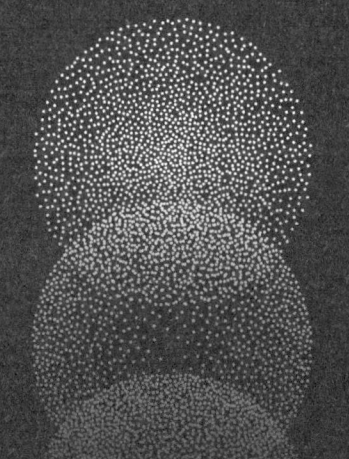

1930년 출간된 《문명 속의 불만》은 프로이트 사상의 백미였습니다. 개인의 행복과 문명의 요구 사이에 존재하는 피할 수 없는 갈등을 냉철하게 분석한 작품입니다.

이는 개인 정신분석에서 시작된 그의 통찰이 사회 전체로 확장된 결과물이었습니다. 앞서 설명한 대로, 프로이트는 '인류 문명' 자체를 하나의 큰 환자로 보기 시작했습니다. 개인의 신경증처럼 문명에도 근본적인 병리가 있다고 본 것입니다.

문명은 개인에게 본능의 포기를 강요합니다. 개개인의 성적 욕망과 공격 충동을 억제해야만 사회의 안전과 질서를 유지할 수 있죠. 하지만 이런 억제는 필연적으로 개인의 불행과 신경증을 야기합니다.

문명이라는 집단적 프로젝트는 근본적인 모순을 안고 있었습니다. 문명이 발전하려면 개인이 희생해야 하며, 이는 역설적으로 개인의 불행을 증가시킵니다. 문명이 발전할수록 개인은 더 많은 제약을 받고, 더 심한 죄책감과 불안에 시달리게 됩니다.

이는 현대인의 근본적인 딜레마입니다. 문명의 혜택과 개인의 만족은 서로 대립하는 구조에 있습니다. 프로이트는 이를 마치 두 마리 토끼를 동시에 잡을 수 없는 해결 불가능한 딜레마로 보았습니다.

프로이트의 결론은 비관적이었습니다. 행복과 문명은 양립할 수 없다는 냉혹한 진단이었습니다. 인간은 문명의 혜택을 누리기 위해 행복을 포기해야 하는 운명에 처해 있다는 것입니다. 이는 계몽주의의 낙관론에 대한 정면 도전이었습니다. 과학과 문명이 발달할수록 인간이 더 행복해진다는 믿음을 정면으로 반박한 것입니다. 진보에 대한 근본적 의문을 제기한 셈이죠.

인간이 추구할 수 있는 것은 완전한 행복이 아니라 불행의 감소입니다. 우리는 고통을 피하고 작은 만족을 찾으며 살아갈 수밖에 없습니다. 이런 현실적 절망 속에서도 프로이트는 인간이 할 수 있는 최선의 길을 제시하려 했습니다. 비관적이지만 현실적인 해답이었습니다.

모세와 유대교의 기원

말년에 프로이트는 자신의 뿌리에 대해 깊이 사색했습니다. 나라는 존재가 어디서 왔는지에 대해 생각하기 시작했습니다. 1939년 출간된 《모세와 일신교》는 그 결과물이었습니다. 이 책에서 프로이트는 충격적인 가설을 제시했습니다. 자신의 정체성과 직결된 민감한 주제였죠.

모세는 히브리인이 아니라 이집트인이었다는 것입니다. 그는 파라오 아크나톤의 일신교 신앙을 히브리 민족에게 전수했다고 주장했습니다. 더 나아가 모세는 유대인들에 의해 살해되었다고 봤습니다.

프로이트는 이 '아버지 살해'라는 원죄가 유대 민족의 집단 무의식에 지울 수 없는 낙인처럼 새겨졌다고 보았습니다. 그는 한 민족의 기나긴 역사를 거대한 오이디푸스 콤플렉스의 틀로 해석했습니다. 개인의 내면을 분석하던 이론을 민족 전체의 운명에 대입한, 그야말로 대담한 시도였습니다.

"제가 속한 민족과 종교를 비판하는 것은 매우 고통스러웠습니다. 하지만 과학자로서 진실을 추구하는 것이 개인적 감정보다 더 중요하다고 생각했습니다."

그는 자신의 정체성에 관련된 문제까지도 과학적 탐구의 대상으로 삼았습니다. 개인적 신념보다 학문적 진실을 우선시한 것입니다. 이런 용기는 대단하기도 하지만, 동시에 위험하기도 했습니다.

이 책은 유대인 사회에서 큰 논란을 일으켰습니다. 나치의 박해가 절정에 달한 시기에 유대교의 기원을 부정하는 것은 매우 위험한 일이었죠. 하지만 프로이트는 물러서지 않았습니다.

나치의 위협과 런던 망명

1933년 1월 30일, 아돌프 히틀러가 독일 총리에 취임했습니다.

나치의 권력 장악은 유럽 전체, 특히 유대인들에게 재앙의 시작이었습니다. 프로이트도 이 위험에서 예외일 수 없었습니다. 이론적으로만 알던 '집단의 광기'를 현실에서 목격하게 된 것입니다. 군중심리가 실제로 어떤 파괴력을 갖는지 몸소 체험하게 된 셈이죠.

5월 10일, 베를린에서 대규모 분서식이 열렸습니다. 학생들과 나치 당원들이 반독일적 서적들을 불태웠습니다. 프로이트의 저서들도 화염에 휩싸였습니다. 정신분석학은 "유대인의 사이비 과학"으로 규정되었습니다. 지적 자유가 폭력 앞에 무너지는 순간이었습니다. 수십 년간 쌓아온 학문적 성과가 하루아침에 금서가 된 것입니다. 이 소식을 들은 프로이트는 쓴웃음을 지으며 말했습니다.

"우리가 얼마나 진보했는지 보십시오. 중세에는 나를 태웠을 텐데, 이제는 내 책만 태우는군요."

농담 같은 말이었지만, 그의 내면에는 깊은 우려가 있었습니다. 유머로 공포를 누르려는 방어기제였을 수도 있습니다. 하지만 이런 여유는 곧 사라지게 됩니다. 상황은 점점 심각해졌습니다. 1938년 3월 12일, 나치 독일이 오스트리아를 병합했습니다. 하루아침에 비엔나의 유대인들이 나치의 지배하에 놓였습니다.

82세의 노인 프로이트도 더 이상 안전하지 않았습니다. 평생 살던 고향이 갑자기 히틀러의 영토가 되었습니다. 이제 피할 수 없는 선택의 순간이 다가왔습니다. 3월 15일, 게슈타포가 프로이트의 집을 수색했습니다. 검은 제복을 입은 요원들이 서재를 뒤지고 서류를 압수해 갔습니다. 3월 22일에는 더 충격적인 일이 벌어졌습니다. 딸 안나까지 체포된 것입니다.

안나는 하루 종일 게슈타포 본부에서 심문을 받았습니다. 정신분석가로서 반체제 활동을 했다는 의혹 때문이었습니다. 나치는 정신분석학 자체를 반독일적 사상으로 간주했습니다. 무의식을 탐구하는 학문이 체제에 위험하다고 본 것이죠.

"안나가 체포되었다는 소식을 들었을 때 처음으로 진짜 공포를 느꼈습니다. 제 목숨은 중요하지 않지만, 딸들만은 안전해야 한다고 생각했습니다."

이때 프로이트는 자신의 한계를 절감했습니다. 아무리 유명한 학자라 해도 집단 광기 앞에서는 한 명의 무력한 아버지에 불과했습니다. 지식과 명성은 총칼 앞에서는 아무 소용이 없었습니다.

다행히 국제적 압력과 거액의 몸값 지불 덕분에 안나는 석방되었습니다. 프로이트 가족은 서둘러 비엔나를 떠날 준비를 했습니다. 80년을 살아온 고향을 떠나는 것은 쉽지 않은 결단이었습니다.

1938년 6월 4일, 프로이트는 평생 살던 비엔나를 떠났습니다. 기차역에서 제자와 환자들이 작별 인사를 건넸습니다. 그에게는 고향으로 돌아올 수 없는 마지막 여행이었습니다. 삶의 마지막 순간에 그는 난민이 되었습니다.

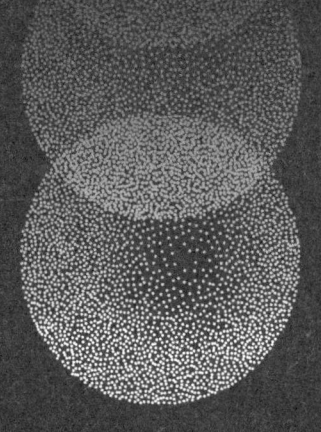

Scene #6

인간의 존엄성은 어디에 있는가?

(1938~1939)

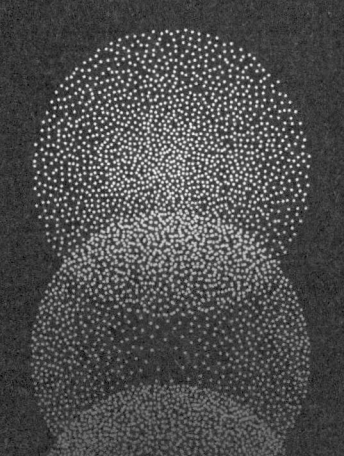

1938년 6월 6일, 프로이트는 가족과 함께 런던에 도착했습니다. 햄프스테드 메어스필드 가든 20번지가 그의 마지막 안식처가 되었습니다. 망명이었지만 그는 의외로 평온했습니다.

오히려 나치의 위협에서 벗어났다는 안도감이 컸습니다. "드디어 자유롭게 숨 쉴 수 있게 되었다"고 그는 딸 안나에게 말했습니다.

런던에서도 그의 명성은 대단했습니다. H.G. 웰스, 버지니아 울프와 젊은 화가 살바도르 달리까지 찾아왔습니다. 영국 지식인들은 그를 마치 살아 있는 전설처럼 대했습니다. 이는 프로이트가 단순히 한 분야의 학자가 아니라, 시대정신 그 자체로 인정받고 있었음을 보여줍니다.

달리와의 만남은 특히 인상적이었습니다. 달리는 프로이트의 초상화를 그리면서 "교수님의 두개골은 달팽이처럼 아름답습니다"라고 말했습니다. 프로이트는 달리의 작품에서 무의식의 시각적 표현을 발견하며 깊은 감명을 받았습니다. 자신의 이론이 예술로 구현되는 것을 직접 목격한 순간이었습니다. 정신분석학이 학문의 영역을 넘어 문화 전반에 미친 영향을 다시 한번 실감했습니다.

런던에서 보내는 시간은 프로이트에게 마지막 평화였습니다. 비엔나에서 가져온 고대 조각품들과 서적들로 서재를 꾸몄습니다. 제자들과 편지를 주고받으며 학문적 교류를 계속했습니다.

그는 생의 마지막 순간까지 지적 활동을 멈추지 않았습니다. 육체는 쇠약해졌지만, 정신만큼은 여전히 날카로웠습니다. 마치 촛불이 꺼지기 직전에 더 밝게 타오르는 모습과 같았습니다.

품위 있는 마지막을 위한 결단

하지만 구강암은 계속 진행되었습니다. 16년간의 길고 고통스러운 투병으로 이미 지친 프로이트는 더 이상의 수술을 거부했습니다. 그는 주치의 맥스 슈어에게 자신의 의지를 분명히 전달했습니다.

"치료를 계속하는 건 무의미한 고통일 뿐입니다. 저는 품위 있게 생을 마감하고 싶습니다. 동물처럼 고통받으며 죽고 싶지 않습니다."

프로이트는 죽음을 두려워하지 않았습니다. 오히려 의미 없는 연명 치료와 존엄성을 잃는 것을 더 두려워했습니다. 그는 자신의 죽음도 스스로 통제하고 싶어 했습니다. 삶의 마지막 순간까지 자율성을 유지하려 한 것입니다. 이는 그의 철학과 일치하는 선택이었습니다. 무의식에 지배당하지 않고 의식적으로 선택하는 인간이 그가 추구한 이상이었죠.

1939년 9월 21일과 22일, 슈어 박사는 프로이트의 요청에 따라 모르핀을 투여했습니다. 이는 고통을 덜어주기 위한 목적이었으며, 동시에 평화로운 죽음을 위한 선택이었습니다.

9월 23일 새벽 3시, 지그문트 프로이트는 83세의 나이로 평화롭게 눈을 감았습니다. 런던의 작은 집에서 가족들에 둘러싸인 조용한 임종이었습니다. 세계를 뒤흔든 거대한 사상가의 마지막은 의외로 평범했습니다.

그의 마지막 작품《모세와 일신교》의 마지막 문장은 의미심장합니다.

"종교적 환상에서 벗어난 인류는 현실의 문제들과 정면으로 마주할 수 있을 것이다."

이 문장은 프로이트가 평생 가지고 있던 신념을 요약하고 있습니다. 환상보다 진실을 추구했던 그의 철학이 담겨 있습니다. 죽음을 앞두고도 그는 인류의 미래에 대한 걱정과 희망을 잃지 않았습니다.

화장과 마지막 경의

프로이트의 시신은 그의 유언에 따라 화장되었습니다. 골든스그린 화장장에서 간소한 의식이 거행되었습니다. 그의 유골은 그가 평생토록 사랑했던 고대 그리스 항아리에 보관되었습니다.

장례식에는 수많은 제자와 동료가 참석했습니다. 환자들도 찾아와 마지막 인사를 했습니다. 프로이트의 가장 가까운 동료이자 제자였던 어니스트 존스는 추도사에서 말했습니다.

"그는 인류에게 새로운 시각으로 자신을 바라볼 수 있는 용기를 주었습니다."

프로이트의 공헌을 한 문장으로 요약한 말이었습니다. 인간의 마음 깊숙한 곳을 들여다볼 용기가 그가 남긴 가장 큰 유산이었습니다.

편견은 사라지고, 통찰은 남았다

프로이트가 세상을 떠난 지 80여 년이 지났지만, 그의 영향력은 여전히 계속되고 있습니다. 현대 심리학과 정신의학의 뿌리가 되었을 뿐 아니라, 문학과 예술, 철학, 인류학까지 광범위한 영역에서 근본적 변화를 가져왔습니다. 한 사람의 발견이 하나의 학문 분야를 넘어 인류의 문명을 바꿔놓은 셈입니다.

물론 그의 이론 중 상당 부분이 현대 과학에 의해 수정되거나 폐기되었습니다. 예컨대 오이디푸스 콤플렉스가 정말 모든 문화권에서 나타나는지에 대한 의문이 제기되었고, 여성 심리에 대한 편향된 시각은 비판받았습니다. 지나친 성적 결정론 또한 문제점으로 지적되었습니다. 하지만 이는 모든 이론이 거치는 자연스러운 과학적 검증 과정이었습니다. 과학은 끊임없이 발전하고 수정되는 것이니까요.

그런데 흥미롭게도 현대 뇌과학의 발전은 오히려 프로이트의 핵심 통찰들을 뒷받침하고 있습니다. 무의식적인 정보 처리가 실제로 존재한다는 것이 확인되었고, 억압과 방어기제의 신경과학적 근거가 발견되었습니다. 조기 경험의 중요성도 신경 가소성 연구를 통해 입증되고 있습니다. 마치 프로이트의 직관이 100년이 지나서야 과학적으로 검증되고 있는 것 같습니다.

불변하는 핵심 통찰들

프로이트의 가장 주요한 공헌은 구체적인 이론보다는 인간을 바라보는 새로운 관점을 제시한 것입니다. 이는 과학적 패러다임의 전환이었습니다. 인간에 대한 근본적 관점 자체를 바꿔놓은 것이죠.

무의식의 발견은 인간 이해에 있어 하나의 거대한 혁명이었습니다. 우리가 의식하지 못하는 거대한 정신 영역이 있고, 그곳에서 우리의 행동과 감정이 결정된다는 발견은 자기 이해의 지평을 완전히 넓혔습니다. "나는 생각한다, 고로 존재한다"는 데카르트의 명제에 근본적 의문을 제기한 셈입니다. 인간은 자신이 생각하는 것보다 훨씬 복잡하고 신비로운 존재라는 선언이기도 했습니다.

어린 시절 경험의 중요성을 강조한 것도 마찬가지입니다. 성인의 성격과 행동 패턴이 유아기 경험에 뿌리를 두고 있다는 인식은 교육과 육아 전반에 근본적 변화를 가져왔습니다. 아이는 단순히 작은 어른이 아니라는 것, 어린 시절이 평생을 좌우한다는 발견은 당시로서는 충격적이었을 것입니다.

정신적 증상이 의미 있는 메시지라는 관점도 혁명적이었습니다. 프로이트는 히스테리와 강박증을 더 이상 제거해야 할 질병이 아닌, 억압된 갈등이 터져 나오는 신호로 보았습니다. 이 위대한 관점의 전환은 정신의학의 패러다임을 송두리째 뒤흔들었습니다. 치료의 목표가 증상을 억지로 없애는 것에서, 그 안에 숨겨진 의미를 해석하는 것으로 완전히 바뀌었기 때문입니다.

치료 관계에서 감정적 상호작용의 중요성을 발견한 것도 큰 기여였습니다. 전이와 역전이, 치료적 동맹 등의 개념은 현대 심리치료의 기초가 되었습니다. 치료자와 환자의 관계 자체가 치료의 핵심 요소라는 인식은 기존의 의학적 접근을 완전히 넘어선 것이었습니다. 결국 인간관계가 치료의 핵심이라는 통찰이었습니다.

인류에게 가한 세 번째 모욕의 의미

프로이트는 자신이 인류에게 세 번째 모욕을 가했다고 말했습니다. 코페르니쿠스가 지구를 우주의 중심에서 끌어내렸고, 다윈이 인간을 특별한 창조물에서 진화의 산물로 격하시켰습니다. 그리고 프로이트는 "자아는 자기 집의 주인이 아니다"라고 선언하며 인간의 자기 인식에 결정적 타격을 가했습니다. 인간은 자신도 모르는 힘에 의해 움직인다는 것을 보여준 것이죠.

하지만 이 모욕은 사실 해방이기도 했습니다. 완벽하고 합리적인 존재라는 무거운 허상에서 벗어날 수 있게 되었으니까요. 복잡하고 모순적인 자신을 받아들일 수 있게 된 것입니다. 무의식을 인정하는 것은 자신의 한계를 받아들이는 동시에 무한한 가능성을 발견하는 일이기도 합니다. 자신의 약점을 인정해야 진정한 성장이 가능하다는 진리를 보여준 셈입니다.

계속되는 내면의 탐험

프로이트의 탐험은 지금도 계속되고 있습니다. 현대 뇌과학과 인지심리학, 발달심리학의 새로운 발견들도 결국 프로이트가 제기했던 근본적 질문들에 대한 답을 찾아가는 과정이니까요. 인간은 무엇이며, 마음은 어떻게 작동하는가라는 영원한 질문 말입니다. 이는 인류가 끝까지 답해야 할 숙제인 것 같습니다.

비엔나의 작은 진료실에서 시작된 한 의사의 호기심이 인류의 자기 이해를 영원히 바꿔놓았습니다. 프로이트가 남긴 가장 소중한 유산은 특정한 이론이 아닙니다. 자신의 내면을 용기 있게 들여다보고 이해하는 방법을 가르쳐준 것입니다. 인간은 자기 자신을 탐구할 수 있는 놀라운 존재임을 보여준 것이죠.

우리는 모두 무의식이라는 거대한 대륙의 탐험가입니다. 프로이트가 그어놓은 초기 지도를 참고하면서도, 각자 자신만의 독특한 여행을 계속해 나가야 합니다. 그 여행의 끝에서 우리는 더욱 진실하고 자유로운 자기 자신을 발견하게 될 것입니다. 자기 탐구의 여행에는 끝이 없으니까요.

진정한 자유는 무의식을 의식화하는 데서 시작됩니다. "이드가 있던 곳에 자아가 있어야 한다"는 프로이트의 말처럼, 자신을 더 깊이 이해할 때 비로소 진정한 주체가 될 수 있습니다. 이것이 바로 프로이트가 인류에게 남긴 최고의 선물입니다. 자기 자신의 진정한 주인이 되는 길을 알려준 것입니다.

제3부

프로이트의 이론과 사상

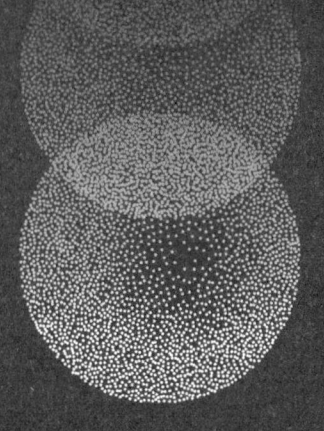

Insight #1

내 마음의 주인은 누구인가
무의식의 개념과 꿈을 통한 접근

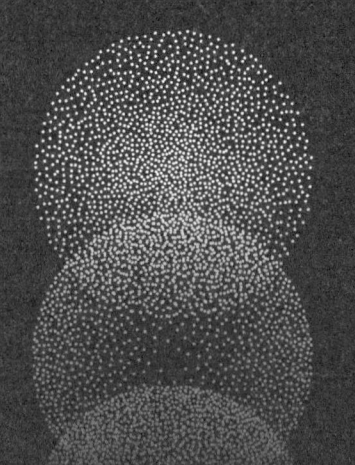

자, 이제 우리가 그동안 너무나 알고 싶었지만, 미뤄왔던 프로이트 이론을 탐구할 시간입니다. 세상 어떤 글보다 이해하기 쉬우면서도, 이론의 깊이는 놓치지 않도록 세심하게 다듬었습니다.

지그문트 프로이트의 정신분석학이 세상에 모습을 드러낸 곳은 19세기 말 비엔나였습니다. 그 시절 비엔나는 두 얼굴을 가진 도시였습니다. 거리에는 왈츠 선율이 흐르고, 카페마다 지식인들의 토론이 불을 뿜었습니다. 예술과 문화가 꽃피우던 눈부신 황금시대였습니다.

하지만 화려한 겉모습 뒤에는 사회적 억압과 금기가 도사리고 있었습니다. 당시 유럽 사회의 엄격한 성도덕은 사람들의 본능을 꽁꽁 묶어버렸고, 그 억눌린 감정은 결국 히스테리라는 이름의 병으로 폭발했습니다. 인간의 자연스러운 본성을 억누르니 심리적 문제가 터져 나온 것은 어찌 보면 당연한 일이었습니다.

히스테리 환자들은 기이한 증상을 보였습니다. 신체에는 아무런 문제가 없는데, 갑자기 다리를 움직이지 못하거나 목소리를 잃어버린 겁니다. 의사들은 이를 '자궁의 문제'로 치부했지만, 프로이트는 '정신적 갈등이 신체 증상으로 나타난다'는 새로운 가설을 세웠습니다.

프로이트의 정신분석학은 단순한 치료법이 아니었습니다. 인간 본성에 대한 근본적인 재해석을 시도합니다. 기존 심리학이 '의식'을 중심으로 인간을 이성적인 존재로 바라봤다면, 프로이트는 이 전제를 완전히 뒤엎어버렸습니다. 인간의 행동을 조종하는 것은 의식이 아니라 무의식이라고 주장한 것이죠.

그의 주장은 여기서 멈추지 않았습니다. 그는 '성적 욕망'이야말로 인간 행동의 근본 동력이라는, 더욱 급진적인 주장을 펼쳤습니다. 이 주장은 당시 도덕관념과 정면으로 충돌했습니다. 특히 어린아이에게도 성적 욕망이 있다는 주장은 큰 사회적 공분을 샀습니다. 하지만 프로이트는 이 결론이 과학적 관찰에 기반했다고 확신했습니다.

의식의 세 가지 수준

프로이트는 인간의 정신을 빙산에 비유했습니다. 단순해 보이지만 혁명적인 통찰이었습니다. 우리가 '나'라고 여기는 부분은 사실 빙산의 일각에 불과하다는 것입니다. 물 위로 드러난 작은 부분이 의식이고, 바로 아래 희미하게 보이는 부분이 전의식이며, 깊고 거대한 물속 세계가 바로 무의식입니다.

한 젊은 여성이 있습니다. 의식적으로는 "그 남자 정말 재수 없어"라고 생각하며 친구들에게 험담을 늘어놓습니다. 그런데 이상하게도 밤에 자려고 침대에 누우면 자꾸만 그 남자 얼굴이 떠오릅니다. 이는 그녀의 무의식이 그에게 끌리고 있다는 강력한 신호입니다. 겉으로 드러난 의식과 내면의 무의식이 완전히 정반대 방향으로 움직이는 것입니다.

또 다른 예입니다. '나는 아버지가 싫은 것 같다'고 느끼는 것은 의식의 판단일 뿐입니다. 하지만 무의식에서는 전혀 다른 이야기가 펼쳐지고 있습니다.

'아버지를 너무나 사랑하지만, 어릴 때 동생만 예뻐했던 것 같아 마음 깊이 상처가 남아 있어. 그래서 관심을 끌려고 일부러 반항적으로 행동하게 돼.'

이처럼 무의식은 의식과는 다른 차원에서 우리를 움직입니다. 그리고 그 힘은 의식보다 훨씬 더 거대하고 강력합니다. 이제 하나씩 차근차근 들여다보겠습니다.

첫 번째는 의식(Conscious)입니다. 지금 이 순간 우리가 인지하는 모든 정신 활동을 말합니다. 가령 이 글을 읽으며 뜻을 이해하고, 커피를 마시며 쓴맛을 느끼고, 누군가의 말에 서운함을 느끼는 등 우리가 자각하는 모든 경험이 바로 의식의 작용입니다. 시험장에서 문제를 풀며 '이건 정말 어렵다'고 생각하고, 긴장감에 손바닥에 땀이 나는 것도 의식의 작용입니다. 즉 의식은 현재 우리의 주의를 끌고 있는 생각과 감정, 그리고 지각을 모두 아우르는 영역입니다.

의식을 눈앞에 켜져 있는 스마트폰 화면에 비유할 수 있습니다. 지금 당장 보이고, 손으로 만질 수 있으며, 조작할 수 있는 영역이니까요. 하지만 스마트폰에 수많은 앱이 설치되어 있음에도 동시에 화면에 나타나는 것은 극히 일부에 불과하듯, 의식 역시 전체 정신 활동의 아주 작은 부분일 뿐입니다. 이미 우리 마음속에는 수십 개의 앱이 동시에 작동하고 있지만, 그중에서 우리가 보는 화면은 단 하나뿐입니다. 무의식에는 셀 수 없이 많은 감정과 욕구들이 작동하고 있지만, 우리는 의식하지 못하고 살아가는 것입니다.

두 번째는 전의식(Preconscious)입니다. 무의식처럼 완전히 숨어 있지도 않고, 의식처럼 늘 눈앞에 드러나 있지도 않는 묘한 영역입니다. 빙산으로 치면 물과 공기 사이에 위치한 경계층이라고 할 수 있습니다. 평소에는 의식하지 못하지만, 질문이나 특정 단서가 주어지면 쉽게 떠올릴 수 있는 기억들이 바로 이 영역에 저장되어 있습니다.

"어제 점심에 뭐 먹었지?"

"초등학교 2학년 담임 선생님 성함이 뭐였더라?"

"자전거 처음 배울 때 넘어졌던 거, 기억나?"

이런 질문을 받는 순간, 잊고 있던 기억이 불쑥 의식 위로 올라옵니다. 전의식은 바로 이런 '대기 상태의 기억들'을 보관하고 있는 정신의 창고인 셈입니다.

하지만 전의식의 역할은 단순한 기억 보관소에 그치지 않습니다. 전의식은 의식과 무의식을 잇는 다리이자, 동시에 신중한 검열관 역할을 합니다. 무의식에서 올라오는 원초적 충동들이 그대로 의식에 들어오면 곤란한 상황이 벌어질 수 있으니까요. 예를 들어 무의식에서 '주먹으로 때려버리고 싶다'는 강렬한 욕망이 솟구쳐 오르면, 전의식은 이를 적절히 걸러내고 변형시킵니다. 그래서 의식에는 '말로 따져봐야겠다' 혹은 '차라리 글로 풀어보자'는 생각으로 순화되어 나타나는 것입니다.

전의식을 스마트폰의 백그라운드 앱에 비유할 수 있습니다. 화면에는 보이지 않지만, 필요할 때 바로 실행할 수 있는 상태로 대기하고 있는 앱들 말입니다. 우리 마음속에서도 전의식은 늘 대기 상태로 있으면서 필요할 때 즉시 작동하고, 동시에 무의식의 거친 감정들을 여과해 의식이 감당할 수 있는 수준으로 변화시킵니다.

세 번째는 무의식(Unconscious)입니다. 프로이트가 가장 중요하게 여긴 정신의 영역입니다. 그는 "무의식이야말로 진정한 정신적 실재"라고 단언했습니다. 즉 우리 마음의 진정한 주인은 의식이 아니라 바로 무의식이라는 깊은 통찰이었습니다.

무의식에는 우리가 직접 알지 못하거나 인정하기 어려운 욕망과 기억들이 잠들어 있습니다. 사회적으로 금기시되는 성적 충동, 분노와 공격성, 어린 시절의 아픈 상처와 수치심 같은 것들이 대표적입니다.

"나는 화 안 났어."

"나는 아버지를 미워하지 않아."

이렇게 말하면서도 무의식 깊은 곳에서는 정반대의 감정이 들끓고 있습니다. 의식은 그 사실을 모른 척하지만, 무의식은 결코 침묵하지 않고 끊임없이 우리에게 신호를 보냅니다.

예를 들어, 유독 직장 상사 앞에서만 말을 더듬는 사람이 있다고 해보겠습니다. 표면적으로는 단순한 습관처럼 보이지만, 무의식 깊은 곳에는 권위적인 아버지에게 혼났던 기억이 숨어 있을 수 있습니다. 또한 국회의장이 "개회합니다"라고 해야 하는데 무심코 "폐회합니다"라고 말하는 순간적 실수도 무의식이 고개를 내민 흥미로운 사례입니다. "부자는 다 나쁜 놈"이라며 악플을 달고 다니는 사람은 사실 그 누구보다 부자가 되고 싶은 강렬한 무의식을 품고 있을 가능성이 높습니다.

무의식은 마치 깊은 지하에서 끓고 있는 마그마와 같습니다. 보이지 않는다고 해서 멈춰 있는 것이 아니라, 언제든 작은 틈을 찾아 솟구쳐 나올 준비를 하고 있습니다. 꿈, 말실수, 반복되는 습관적 행동, 이유를 알 수 없는 신체 증상 같은 형태로 무의식은 계속해서 우리 삶에 개입하고 있는 것입니다.

결국 무의식은 억눌린 욕망과 기억의 저장소이자, 동시에 우리 행동을 조종하는 보이지 않는 거대한 힘입니다. 의식은 빙산의 일각에 불과하고, 물속에 잠긴 거대한 빙산 덩어리가 바로 무의식인 셈입니다. 이 거대한 무의식을 이해하는 것이야말로 진정한 자기 이해의 출발점입니다.

꿈의 해석과 무의식 접근

무의식은 스스로 자각하기 어려운 영역이기에, 어떻게 하면 들여다볼 수 있을지 의문을 제기할 수 있습니다. 프로이트는 이에 대한 해답으로 '꿈'을 이야기합니다. 꿈을 무의식으로 향하는 가장 확실한 통로라고 여깁니다. 당시 사람들은 꿈을 단순한 뇌의 부산물, 잠들 때 벌어지는 무작위적 현상 정도로 치부했습니다. 하지만 프로이트의 시각은 정반대였습니다. 꿈이야말로 무의식의 목소리를 가장 순수하고 직접적으로 들을 수 있는 소중한 길목이라고 본 것입니다.

프로이트는 꿈에도 엄연한 법칙이 존재한다고 확신했습니다. 그에게 꿈은 결코 무작위적이거나 무의미한 현상이 아니라, 깊은 의미를 담은 체계적인 정신 활동이었습니다. 그가 내린 결론은 단순했지만 혁명적이었습니다.

"꿈은 억압된 소망의 위장된 충족이다."

즉, 깨어 있을 때는 사회적 규범과 도덕이 욕망을 억제하지만, 잠이 들면 그 통제 장치가 느슨해집니다. 그 틈을 타 억눌렀던 소망이 꿈이라는 상징적인 형태로 발현되는 것입니다.

시험에 떨어질까 봐 불안해하며 잠든 학생이 있다고 해보겠습니다. 꿈속에서 높은 점수를 받고 환호하는 장면을 본다면, 이는 불안 뒤에 숨어 있던 합격에 대한 간절한 소망이 충족된 것입니다. 하지만 꿈은 이렇게 직접적으로 나타나지는 않습니다. 언제나 '위장된' 상태로 우리에게 전달됩니다. 예를 들어 뱀이 힘겹게 기어가다가 좁은 구멍을 간신히 통과하는 장면을 꿀 수 있습니다. 이 경우 '뱀'은 나 자신을 상징하고, '구멍'은 통과해야 할 시험을 의미합니다.

프로이트는 꿈이 이중 구조로 이루어져 있다고 보았습니다. 우리가 잠에서 깨어 기억하는 꿈의 표면적인 이야기가 바로 '현재몽(Manifest Content)'이며, 그 이면에 숨겨진 꿈의 진짜 의미가 '잠재몽(Latent Content)'입니다. 현재몽은 잠재몽, 즉 무의식적 소망이 의식의 검열을 피하려 교묘하게 모습을 바꾼 결과물입니다. 프로이트는 이처럼 잠재몽이 현재몽으로 변환되는 과정을 '꿈 작업(Dream-Work)'이라 불렀으며, 이 작업에는 몇 가지 핵심적인 메커니즘이 작동합니다.

전치(Displacement): 감정이나 중요성이 다른 대상으로 옮겨지는 현상입니다. 실제로는 아버지에 대한 두려움이지만, 꿈에서는 낯선 맹수가 자신을 쫓아오는 장면으로 나타납니다.

상징화(Symbolization): 추상적인 욕망이 구체적인 이미지로 변환되는 과정입니다. 성적 욕망이 뱀이나 탑으로, 권위에 대한 반발이 폭풍이나 지진으로 표현되는 식입니다.

무의식은 추상적으로 사고할 수 없다는 특성이 있습니다. 그래서 반드시 생생한 이미지로 표현될 수밖에 없습니다. 예를 들어 시험을 망칠까 하는 두려운 마음은 추상적인 감정입니다. 그래서 '끝없이 무너져 내리는 다리 위를 아슬아슬하게 걸어가는 장면'이라는 구체적인 이미지로 변환되어 나타나는 것입니다.

결국 꿈은 무의식이 의식에게 보내는 특별한 언어라고 할 수 있습니다. 프로이트는 이 신비로운 언어를 해독하는 방법을 제시하며, 눈에 보이지 않는 무의식 세계의 문을 열어 보이려 했습니다. 그의 이런 시도는 인간이 자기 자신의 가장 깊은 내면과 소통할 수 있는 새로운 길을 열어준 것입니다. 꿈을 통해 우리는 낮 동안 미처 알아차리지 못했던 자신의 진정한 모습과 만날 수 있게 됩니다.

이르마의 주사 꿈: 소망 충족의 실례

프로이트가 자신의 이론을 처음으로 입증한 사례는 다름 아닌 그 자신의 꿈이었습니다. 1895년 7월 24일 밤에 꾼 '이르마의 주사' 꿈 말입니다. 정신분석학 역사에서 가장 유명한 꿈으로 여겨지는 이 사례는 이후 모든 꿈 해석의 모델이 되었습니다.

당시 히스테리 환자였던 이르마의 치료는 뚜렷한 차도를 보이지 않은 채 실패로 끝났습니다. 이 실패는 프로이트에게 깊은 죄책감과 불안감을 안겨주었으며, 동료 의사들의 비판적인 시선 또한 그를 무겁게 짓눌렀습니다.

꿈속에서 프로이트는 여전히 목이 아프다고 호소하는 이르마와 마주합니다. 그녀의 목을 자세히 들여다보니 흰 상처로 뒤덮여 있었습니다. 당시 사람들에게 치명적인 전염병으로 알려진 디프테리아 환자의 목처럼, 두꺼운 흰 막이 점막을 덮은 끔찍한 모습이었습니다. 그때 동료 의사들이 나타나 진단을 내립니다.

"이건 오토 박사가 놓은 더러운 주사 때문입니다."

그 순간 프로이트는 깊은 안도감을 느꼈습니다. 꿈은 바로 그 지점에서 끝이 났습니다.

잠에서 깬 그는 이 꿈을 차분히 분석해보았습니다. 현실에서는 이르마 치료의 실패를 온전히 자기 탓으로 여기며 괴로워했지만, 꿈의 내용은 달랐습니다. 꿈은 그 무거운 책임감을 다른 의사에게 전가하며 그의 죄책감을 교묘하게 덜어주었습니다. "내 잘못이 아니라 오토 박사의 잘못이다"라는 논리를 통해 상처받은 자존심을 보호했던 것입니다.

이 분석을 통해 프로이트는 중요한 결론에 도달했습니다. 꿈은 단순한 환상이 아니라 억압된 소망을 충족시키려는 무의식의 활동이라는 것입니다. 이르마의 주사 꿈은 그에게 꿈의 본질을 직접 보여준 강렬한 경험이었고, 훗날 《꿈의 해석》에서 "모든 꿈은 소망 충족이다"라는 명제를 제시하는 결정적 근거가 되었습니다.

이 사례의 의미는 단순히 프로이트 개인의 체험을 넘어섭니다. 누구든지 꿈속에서 현실의 불편한 감정을 다른 방식으로 해결하는 경험을 합니다. 억울한 상황에서 꿈속에서는 통쾌하게 반격하거나 현실에서 충족되지 못한 욕망이 꿈속에서는 만족스럽게 풀리기도 하지요. 프로이트는 자신의 꿈을 통해 이론의 핵심을 직접 증명해 보였고, 이는 이후 모든 꿈 해석의 기준점이 되었습니다.

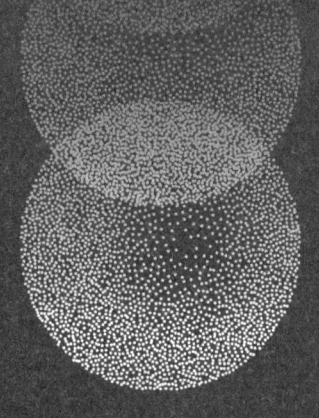

Insight #2

왜 나는 하고 싶은 것과 해야 하는 것 사이에서 갈등하는가
원초아, 자아, 초자아의 역할

프로이트는 기존 이론의 한계를 느끼고 있었습니다. 1923년, 그는 《자아와 원초아》라는 저작을 통해 완전히 새로운 정신 모델을 세상에 선보였습니다. 이는 기존의 지형학적 모델(의식-전의식-무의식)을 보완하는 구조적 모델이었습니다.

이 새로운 모델은 인간의 정신을 세 가지 기능적 체계로 구분했습니다. 바로 원초아, 자아, 초자아입니다. 이들은 각기 다른 원리에 따라 움직이면서도, 서로 끊임없이 갈등하고 타협하는 역동적 관계를 이룹니다. 이제 하나씩 그 특징을 살펴보겠습니다.

원초아(Id): 본능의 원천

원초아는 우리가 이 세상에 태어날 때부터 함께하는 정신의 가장 원시적이고 본능적인 영역입니다. 완전히 무의식에 속하며, 정신 에너지인 리비도의 근원지이기도 합니다. 모든 충동과 욕망이 바로 이곳에서 솟아오릅니다.

"지금 당장 만족하고 싶다", "먹고 싶다", "갖고 싶다" 등 오직 욕구의 즉각적인 충족만을 추구합니다. 갓난아기가 배고프면 시간과 장소를 가리지 않고 울어버리는 것이 바로 원초아의 순수한 작동 방식입니다. 참을성이라는 개념 자체가 존재하지 않으며, 지금 당장 충족되지 않으면 불안과 긴장이 계속 커져만 갑니다. 프로이트는 원초아를 "끓어오르는 흥분으로 가득한 가마솥"에 비유했는데, 참으로 적절한 표현이라 할 수 있습니다.

원초아는 쾌락 원리(Pleasure Principle)에 따라 움직입니다. 현실적 제약을 고려하지도 않고, 도덕적 판단도 없습니다. 순수하게 '좋은가, 싫은가'만이 그 판단 기준이 됩니다.

원초아에는 두 가지 근본적인 충동이 자리하고 있습니다. 하나는 성적 충동(리비도)이고, 다른 하나는 공격적 충동입니다. 맛있는 음식을 보면 '지금 당장 먹고 싶다'는 강렬한 욕구가 솟구쳐 오르고, 누군가 내 소중한 물건을 빼앗으면 '당장 화내고 싶다'는 충동이 치밀어 오르는 것입니다. 하지만 원초아에게는 현실을 바꿀 힘이 없습니다. 단지 환상을 통해 간절한 소망을 채우려 할 뿐입니다. 배가 고프면 맛있는 음식을 상상하고, 외로우면 누군가와 따뜻하게 함께 있는 장면을 떠올리는 것처럼 말입니다. 이것이 바로 원초아를 움직이는 본능의 힘입니다.

그러나 환상만으로는 욕구를 근본적으로 해소할 수 없습니다. 오히려 충족되지 못한 욕구는 내면에 남아 계속해서 우리를 자극합니다. 이 때문에 현실과 현명하게 타협하며 욕구를 다스릴 '자아'의 역할이 중요해지는 것입니다. 인간 정신의 놀라운 진화가 시작되는 지점이라고 할 수 있습니다.

자아(Ego): 현실과의 중재자

자아는 원초아로부터 분화되어 나온 정신의 현명한 집행자입니다. 외부 세계와 끊임없는 접촉을 통해 발달하며 현실 원리(Reality Principle)에 따라 움직입니다. 원초아에서 어떤 욕구가 솟아오르면, 자아는 이를 지혜롭게 중재하여 현실적으로 충족시키는 소중한 역할을 합니다.

예를 들어 누군가에게 화가 나서 당장 때리고 싶은 격렬한 감정을 품은 남성이 있다고 해보겠습니다. 이때 자아는 조용히 속삭입니다.

"때리면 뭐해? 집에 가서 총 게임으로 스트레스나 풀자."

또한 아이가 배가 고프다고 해서 아무 곳에서나 울어댈 수는 없는 노릇입니다. 자아는 "지금은 수업 중이니까 조금만 참았다가 쉬는 시간에 간식을 먹도록 하자"라고 현명하게 조율합니다. 이처럼 자아는 현실의 제약 속에서도 욕구를 충족시킬 방법을 찾아냅니다.

프로이트는 "자아는 신체적 자아가 먼저다"라고 표현했습니다. 아기가 젖을 빠는 경험, 배고픔과 포만감을 느끼는 순간, 추위와 따뜻함을 온몸으로 경험하는 과정을 통해 자아가 조금씩 형성된다는 의미입니다.

자아는 참으로 다양하고 정교한 기능을 담당합니다. 오감을 통한 섬세한 지각 작용으로 외부 세계를 파악합니다. 사고를 통해 복잡한 문제를 해결하며, 기억을 통해 소중한 경험을 차곡차곡 축적합니다. 학습을 통해서는 세상에 적응할 수 있는 능력을 키워나갑니다. 이러한 기능들은 원초아의 거센 충동을 현명하게 조절하기 위한 것입니다.

하지만 자아의 모든 작용이 의식적인 것만은 아닙니다. 예를 들어 누군가 나를 무시했을 때 '화를 참아야겠다'는 의식적 판단도 있지만, 무의식적으로 작동하는 다양한 방어기제도 존재합니다. 이는 자아가 단순히 이성적인 판단자에 그치지 않음을 보여주는 흥미로운 지점입니다.

초자아(Superego): 도덕적 감시자

초자아는 부모와 사회의 가치관이 우리 내면 깊숙이 뿌리내려 형성된 정신 구조입니다. 가장 쉽게 표현하면 '내 마음속의 도덕 선생님' 정도로 이해할 수 있을 것입니다. 원초아와 자아보다 늦게, 대략 3~5세 무렵 오이디푸스 콤플렉스를 해결하는 과정을 통해 서서히 발달합니다. 이 과정은 자신만의 이상적 자아상을 만들어가는 소중한 여정이기도 합니다.

이상적 자아상이란 예를 들어 '쓰레기를 함부로 버리지 말아야 한다. 너는 양심적인 사람이니까', '너는 훌륭한 사람이 되어야 한다'와 같은 내면의 간절한 명령을 의미합니다.

초자아는 부모의 반복적인 가르침이나 사회의 끊임없는 요구로부터 형성되기 때문에 고정불변의 것이 아닙니다. 초자아는 도덕 원리(Moral Principle)에 따라 작동하며, 쾌락이나 현실적 고려보다는 이상과 완벽을 향해 나아갑니다.

초자아는 두 가지 중요한 부분으로 나뉩니다. 하나는 이상적 자아(Ego Ideal)로, '착한 아이', '성실한 학생'처럼 부모나 사회가 제시하는 빛나는 모습입니다. 다른 하나는 양심(Conscience)으로, 잘못된 행동을 예리하게 감시하고 때로는 가혹하게 처벌하는 내면의 경찰관 같은 존재입니다. 예를 들어 친구의 소중한 물건을 훔치고 나서 "나는 친구에게 몹쓸 짓을 했다"며 깊은 불안과 죄책감에 시달리는 것이 양심의 작용입니다.

프로이트는 초자아의 형성을 부모와의 관계를 통해 설명했습니다. 아이는 부모에 대한 금지된 욕망을 포기하는 대신, 부모의 가치관과 규범을 내면화합니다. 그렇게 부모의 따뜻하면서도 엄격한 목소리가 내면에 자리 잡으며 초자아가 형성됩니다. 문제는 초자아가 가혹할 수 있다는 점입니다. 잘못된 행동뿐 아니라 잘못된 생각만으로도 견디기 어려운 죄책감을 불러일으킵니다. 때로는 현실을 무시한 채 완벽함만 강요해 자아를 숨 막히게 옥죄기도 합니다.

이 때문에 자아는 원초아의 거센 충동과 초자아의 높은 이상 사이에서 끊임없이 줄다리기를 해야만 합니다. 예를 들어 원초아는 "지금 당장 놀고 싶다"고 소리치지만, 초자아는 "시험이 코앞이니 공부해야 한다"고 엄중하게 압박합니다. 자아는 이 두 목소리를 모두 귀담아들으며 "조금만 놀다가 다시 공부하자"라는 현명한 타협점을 찾아내려 노력합니다.

하지만 이런 균형이 항상 성공적으로 이루어지지는 않습니다. 자아가 원초아 쪽으로 지나치게 기울면 충동적이고 비도덕적인 행동을 하게 되고, 반대로 초자아 쪽으로 과도하게 치우치면 불안과 죄책감에 깊이 시달리며 삶의 소소한 즐거움마저 잃어버리게 됩니다. 결국 건강하고 조화로운 정신생활이란 원초아와 초자아 사이에서 자아가 지혜롭게 균형을 잡아내는 데 달려 있다고 할 수 있습니다.

삼원 구조의 갈등과 중재

프로이트는 자아가 처한 곤란한 상황을 이렇게 묘사했습니다. "세 명의 가혹한 주인을 섬기는 하인"이라고 말입니다. 그 세 주인은 외부 세계, 초자아, 그리고 원초아입니다. 자아는 이들 사이에서 끊임없이 줄타기를 하며 섬세한 균형을 잡아내야 하는 중재자의 역할을 맡고 있습니다.

구체적인 사례로 살펴보겠습니다. 직장에서 큰 스트레스를 받은 어떤 사람이 술을 마시고 싶어 한다고 해보겠습니다. 원초아는 즉각적인 충족을 강렬하게 요구합니다.

"지금 당장 술을 마셔! 그러면 기분이 훨씬 나아질 거야!"

현실적 제약이나 결과에 대한 고려는 전혀 없습니다. 오직 욕구 해소만을 외치고 있는 것입니다. 반대로 초자아는 가혹한 비판을 쏟아냅니다.

"술을 마시면 가족들이 걱정하고 실망할 텐데. 너는 의지가 약한 사람이구나. 스트레스를 술로 해소하다니, 참 부끄러운 일이야."

초자아는 깊은 죄책감을 일으켜 그 행동을 강력히 억누르려 합니다. 그 치열한 대립 사이에서 자아는 현실적인 타협을 모색해야만 합니다. 원초아의 간절한 욕구를 완전히 무시할 수도 없고, 초자아의 엄중한 요구를 외면할 수도 없는 상황입니다. 자아는 지혜로운 대안을 찾아 나섭니다.

"과음으로 위가 이미 상당히 약해져 있으니 술은 피하는 게 좋겠어. 대신 가벼운 운동을 하거나 전문 상담을 받아 스트레스를 풀어보자. 그러면 욕구도 어느 정도 충족되고 도덕적 비판도 피할 수 있을 거야."

이처럼 세 체계 간의 갈등은 우리 일상에서 끊임없이 벌어지는 현실입니다. 자아가 균형 있게 중재해낼 때 건강한 정신 상태가 유지됩니다. 하지만 갈등이 지나치게 격렬하거나 자아의 조정 능력이 약해지면 문제가 생겨납니다.

원초아의 충동이 과도하게 억눌리면 불안과 신경증이 생겨나고, 초자아의 가혹한 압박은 깊은 죄책감과 자기혐오를 낳습니다. 반대로 원초아의 욕구를 제어하지 못하면 충동적이고 파괴적인 행동이 나타날 수 있습니다.

정신분석 치료의 궁극적 목표는 바로 자아의 힘을 튼튼하게 강화하는 것입니다. 원초아의 충동을 무조건 억압하는 것이 아니라 현실적이고 건설적인 방식으로 표현할 수 있도록 돕고, 초자아의 지나치게 가혹한 비판을 부드럽게 완화시켜 나가는 것입니다. 세 구조 간의 조화로운 균형이 회복될 때, 비로소 개인은 건강하고 충만한 정신생활을 영위할 수 있게 됩니다.

지금까지 다룬 모든 내용은 결국 자아의 힘을 강화하는 데 소중한 도움을 줍니다. 내 안의 의식과 무의식이 어떻게 복잡하게 얽혀 작용하는지 깨닫는 것만으로도 우리의 자아는 훨씬 단단해집니다. 자기 이해의 여정은 바로 여기서 진정한 의미를 찾게 됩니다.

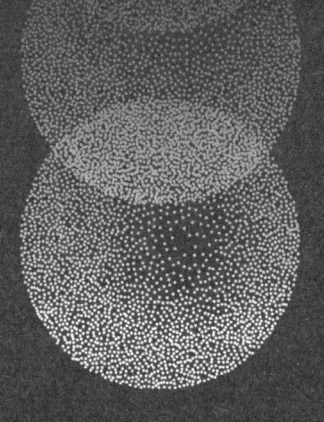

Insight #3

어릴 적 버릇이 평생을 좌우하는가
성욕 이론과 심리성적 발달

프로이트가 당시 사회에 던진 가장 큰 충격은 무엇이었을까요? 바로 "아이에게도 성욕이 있다"는 파격적인 주장이었습니다. 19세기 말 유럽은 종교적 영향 아래 성을 극도로 엄격하게 다루던 시대였습니다. 성은 오직 결혼한 남녀가 아이를 낳기 위한 신성한 의무, 그 이상도 이하도 아니었습니다. 성은 마치 출산이라는 기능적 목적만을 위해 존재하는 것으로 여겨졌습니다. 당연히 '정상'과 '비정상'의 경계는 명확했고, 어린아이는 '순수하고 성과 무관한 천사 같은 존재'라는 아름다운 신화 속에 단단히 묶여 있었습니다.

그러나 프로이트는 이 신화에 정면으로 도전했습니다. 그는 수많은 환자의 임상 사례를 섬세하게 들여다보며 놀라운 사실을 발견했습니다. 성욕이 단순히 성인의 생식 본능에 머무는 것이 아니라, 인간 삶 전체를 움직이는 '생명 에너지의 근원'과도 같은 힘이라는 것을요. 그는 날카롭게 지적했습니다.

"성 본능과 성 대상의 연결을 지나치게 밀접하게 보는 것이 잘못이다."

다시 말해 성욕은 특정한 대상에만 고정된 것이 아니라 본래부터 자유롭게 흐르며 방향을 바꿀 수 있는 충동입니다.

아기가 젖을 빠는 행위를 예로 들어보겠습니다. 대부분의 부모는 그저 배고픔을 달래는 것이라고 생각할 것입니다. 하지만 프로이트는 이 평범한 장면 속에서 전혀 다른 차원을 발견했습니다. 아기는 단순히 영양을 섭취하는 것을 넘어, '빠는 행위' 그 자체에서 깊은 쾌감을 얻고 있다는 것입니다. 이는 아이가 '리비도'라는 생명 에너지를 처음으로 경험하는 중요한 순간이었습니다. 같은 맥락에서, 아이가 손가락을 빠는 습관 역시 단순한 버릇이 아니라, 자신의 몸을 통해 즐거움을 찾는 지극히 자연스러운 방법으로 이해할 수 있다고 보았습니다.

리비도와 성적 발달의 재정의

프로이트는 여기서 멈추지 않고 더욱 급진적인 선언을 내놓았습니다.

"도착적 성향은 성 본능의 원초적이고 보편적인 성향이다."

사회가 비정상이라는 낙인을 찍는 성적 행동들이 사실 누구에게나 잠재되어 있으며, 그 차이는 단지 강도와 드러나는 방식일 뿐이라는 주장이었습니다. 정상과 비정상이라는 엄격한 구분은 사회가 만들어낸 인위적인 경계일 뿐, 본능은 도덕적인 잣대로 재단할 수 없다고 말했습니다.

또 다른 예를 들어보겠습니다. 어린아이가 자신의 성기를 만지며 호기심을 보이는 장면은 부모들에게 충격적이고 당황스러울 수 있습니다. 하지만 프로이트는 이를 이상 행동이 아니라 지극히 자연스러운 발달 과정으로 설명했습니다. 마치 아이가 돌멩이를 주워 입에 넣으며 세상을 탐색하듯, 성적 호기심 역시 특정 시기에 누구나 거쳐가는 보편적인 현상이라는 것입니다. 오히려 이를 무작정 억압하거나 금기시하면, 아이의 건강한 성격 발달에 되돌릴 수 없는 부정적 흔적을 남길 수 있다고 경고했습니다.

이처럼 프로이트의 관점은 성을 단순히 생식이나 쾌락의 문제로 축소하지 않았습니다. 그는 성을 인간 발달과 성격 형성 전체를 이해하는 핵심 동력으로 격상시켰습니다. 성은 숨겨야 할 부끄러운 금기가 아니라, 인간 정신의 복잡한 미로를 해명하는 소중한 열쇠라는 것이었습니다. 프로이트에게 성욕은 인간 삶의 보이지 않는 동력과 같았습니다. 인간은 공부, 일, 사랑 등 다양한 활동에 매진하는 듯 보입니다. 하지만 프로이트는 이 모든 행위를 추동하는 근원적 에너지가 단 하나라고 보았는데, 바로 성적 충동이었습니다.

혹시 어린 시절 손가락을 빠는 습관이나, 남들이 보기에는 사소해 보이는 작은 즐거움에 유독 집착했던 경험이 있나요? 이는 단순한 습관이 아닙니다. 삶을 움직이는 리비도의 작은 불꽃이 타오르고 있었던 것입니다.

심리 성적 발달 단계

프로이트는 인간의 성적 발달 과정을 다섯 단계로 구분했습니다. 각 단계는 리비도가 특정 신체 부위에 집중되는 시기로, 이때의 경험이 이후 성격 형성에 결정적인 영향을 미친다고 보았습니다. 즉 어린 시절의 경험은 단순히 지나가는 순간들이 아니라, 성인이 되어서도 삶 전반을 은밀하게 지배하는 뿌리가 된다는 것입니다.

1) 구강기(0~18개월): 최초의 쾌락 발견

입과 입술이 리비도의 중심지가 됩니다. 아기는 젖을 빨며 생존하는 동시에, 그 과정에서 깊은 만족감을 경험합니다. 프로이트는 "젖을 먹고 만족해 뒤로 기대는 아기의 모습은 훗날 성적 만족의 원형"이라고 시적으로 표현했습니다.

만약 어떤 아기가 충분히 젖을 먹지 못하고 늘 배고픔에 시달렸다면, 이 아이는 성인이 되어서도 마음 깊은 곳에 결핍감과 불안을 품고 살 가능성이 높습니다. 반대로, 지나치게 오랫동안 모유 수유를 받은 아이라면 타인에게 의존하려는 성향이 강하게 남을 수 있습니다. 실제로 성인이 되어 과식, 흡연, 손톱 물어뜯기, 끝없는 수다 같은 행동을 보이는 사람들은 구강기 욕구가 고착된 사례로 이해할 수 있습니다.

2) 항문기(18개월~3세): 통제의 첫 경험

배변 활동이 리비도의 중심이 됩니다. 아이는 대소변을 스스로 조절하면서 처음으로 자율성과 통제감의 달콤함을 맛봅니다. 이때 부모의 태도가 아이의 미래에 결정적 영향을 미칩니다.

만약 부모가 배변 훈련을 엄격하게 시키면, 아이는 자신의 의지가 지속적으로 억압당한다는 부정적인 경험을 하게 됩니다. 이런 아이들은 성인이 되어서도 지나치게 질서정연하고 인색하며 고집스러운 성격이 나타날 수 있습니다. 반대로 부모가 과하게 관대하다면, 아이는 자제할 필요성을 학습하지 못하게 되어 충동적이고 무질서하며 파괴적인 성향을 보일 수 있습니다.

3) 남근기(3~5세): 정체성의 갈림

성기가 쾌감의 중심지로 떠오릅니다. 아이는 자신의 몸을 새롭게 발견하고 호기심을 품게 되며, 자위행위가 나타나기도 합니다. 이 시기의 가장 극적인 사건이 바로 오이디푸스 콤플렉스입니다.

아들은 어머니에게 특별한 애정을 보이면서 동시에 아버지를 경쟁자로 여기게 됩니다. 딸의 경우는 아버지에게 애착을 보입니다. 프로이트는 이런 갈등을 단순히 가정 내 소동으로 보지 않았습니다. 오히려 아이가 '성 정체성'과 '도덕심(초자아)'을 형성하는 핵심적인 통과의례라고 해석했습니다. 만약 이 갈등을 잘 해결하지 못한다면 성인이 되어 성 정체성 혼란이나 성적 불안으로 이어질 수 있습니다.

4) 잠복기(6세~사춘기*): 에너지의 승화

성적 충동이 억압되어 겉으로 드러나지 않는 시기입니다. 아이는 이제 학습과 사회생활에 온 에너지를 집중합니다. 친구와의 우정, 규칙 준수, 학교생활이 이 시기의 주요 과제가 됩니다.

초등학교 시절 아이가 공부나 운동, 미술 등 특정 분야에 열정적으로 몰두하는 모습은 단순한 취미가 아니라 성적 에너지가 창조적으로 승화된 결과라고 볼 수 있습니다. 프로이트는 이러한 승화 과정이 문명의 토대를 만든다고 설명했습니다.

5) 생식기(사춘기 이후): 성숙한 사랑

사춘기에 접어들면서 억눌려 있던 성적 충동이 다시 강렬하게 깨어납니다. 이제는 단순한 자기만족이 아니라, 성숙한 이성과의 관계를 통해 진정한 친밀감과 사랑을 경험하게 됩니다.

하지만 이전 단계에서 심각한 고착이 있었다면, 성인이 되어

---

* 여기서 사춘기는 성 호르몬이 분비되고 2차 성징이 나타나는 시기를 뜻합니다. 사회적·심리적 발달까지 포함하는 청소년기와는 구분되며, 프로이트는 성적 성숙이 시작되는 이 시점을 강조하기 위해 사춘기라는 용어를 사용했습니다.

서도 성숙한 관계를 맺지 못하고 미숙한 행동 패턴을 반복하게 됩니다. 프로이트는 건강한 성인이 되려면 반드시 이 생식기 단계에서 성숙한 사랑과 친밀감을 경험해야 한다고 강조했습니다.

다만 현대 심리학에서는 이러한 단계 이론이 지나치게 결정론적이며 문화적 편향을 담고 있다는 비판을 제기하고 있습니다. 인간의 성격은 어린 시절 경험만으로 결정되지 않으며, 평생에 걸쳐 지속적으로 변화하고 성장할 수 있다는 것이 오늘날의 관점입니다. 프로이트의 이론은 인간 이해의 한 관점으로 참고하되, 보다 균형 잡힌 시각으로 접근하는 것이 필요합니다.

고착과 성격 형성

고착은 프로이트 이론의 핵심입니다. 특정 발달 단계에서 욕구가 지나치게 좌절되거나, 반대로 지나치게 충족될 때 발생합니다. 그러면 리비도의 일부가 그 단계에 묶여버려 성인이 되어서도 같은 패턴을 반복합니다.

고착의 원인은 크게 두 가지로 나뉩니다. 첫째는 욕구가 충분히 충족되지 못하는 과도한 좌절입니다. 둘째는 욕구가 지나치게 충족되는 과도한 만족입니다. 어느 쪽이든 극단이면 문제가 됩니다.

예를 들어 구강기에 고착된 사람은 스트레스를 받을 때마다 폭식이나 흡연으로 위안을 찾으려 합니다. 이는 단순히 나쁜 습관이 아니라, 어린 시절 충분히 충족되지 못한 욕구가 성인이 되어 반복적으로 모습을 드러내는 것입니다.

프로이트가 특히 집중적으로 연구한 것은 항문기 고착이었습니다. 질서정연함, 인색함, 고집이라는 세 가지 특성이 함께 나타나는 사람들을 관찰한 것입니다. 이 세 가지는 단순한 성격적 특성이 아니라, 어린 시절 배변 훈련 과정에서의 경험이 굳어져 나타나는 결과라고 설명했습니다. 부모의 요구에 따라 깨끗하게 배설물을 처리해야 했던 경험은 질서정연함으로, 배설물을 참았던 경험은 인색함으로, 부모의 요구에 저항한 기억은 고집스러운 성향으로 연결된다는 것입니다.

프로이트는 성격이 단순히 타고난 기질의 문제가 아니라, 어린 시절의 구체적인 신체적 경험이 성인의 성격 특성으로 변환된다고 보았습니다. 어린 시절의 경험은 잠깐의 사건이 아니라 평생의 성격 패턴을 결정하는 보이지 않는 각본이라는 관점이었습니다.

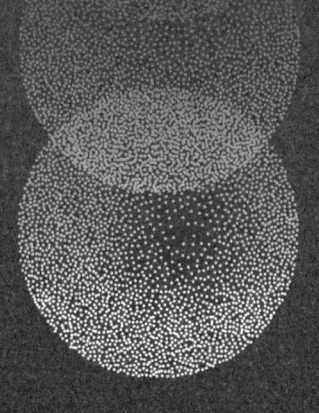

Insight #4

사랑과 증오는 어떻게 한 마음속에 공존하는가
오이디푸스 콤플렉스와 양가감정

이론의 중심성과 보편성

프로이트는 오이디푸스 콤플렉스를 자신의 가장 중요한 발견으로 꼽았습니다. 그는 "오이디푸스 콤플렉스는 유아기 성적 발달의 중심 현상이며, 모든 신경증의 핵심이다"라고 선언했죠.

이 이론이 그에게 특별한 의미를 가졌던 이유는 바로 보편성에 있었습니다. 프로이트는 오이디푸스 콤플렉스가 특정한 시대나 문화에서만 나타나는 제한적 현상이 아니라, 인류 전체가 공통적으로 겪어내는 심리적 구조라고 확신했습니다. 그래서 고대 그리스의 비극《오이디푸스 왕》이 2,000년이 넘는 긴 세월 동안 여전히 사람들의 마음을 깊이 울리는 이유도 바로 여기에 있다고 해석했습니다. 단순히 한 가족의 비극적 이야기가 아니라, 인류 누구나 공유하는 무의식적 갈등을 예리하게 건드리고 있기 때문에 시대와 문화를 초월한 울림을 준다는 것이었습니다.

프로이트는 이 콤플렉스를 통해 개인 심리만 해석하는 데 그치지 않았습니다. 문명 자체의 기원까지 설명할 수 있다고 담대하게 주장했습니다. 아버지와 어머니 사이에서 벌어지는 갈등이 단순한 가족 내부의 문제가 아니라, 종교와 도덕, 예술과 사회 규범을 만들어내는 근본 뿌리라는 것이었습니다. 다시 말해, 한 아이가 집 안에서 겪는 긴장과 갈등이 인류 전체의 집단 질서와 규범의 출발점이라는 실로 파격적인 논리였습니다.

당연히 이런 주장은 엄청난 논란을 불러일으킬 수밖에 없었습니다. "어린아이에게 그런 복잡하고 성적인 감정이 있을 리 없다"는 격렬한 반발이 쏟아졌습니다. 그러나 프로이트는 이런 반발조차도 무의식적 방어기제의 증거라고 해석했습니다. 불편한 진실을 외면하기 위해 무의식이 스스로 작동한 결과라는 것이었습니다.

남성의 오이디푸스 콤플렉스

남근기(3~5세)에 들어선 남자아이가 최초로 사랑하는 대상은 어머니입니다. 아이는 어머니의 애정을 독차지하고 싶어 하며, 오직 자신만을 바라보기를 간절히 원합니다. 하지만 그 순수한 욕망은 언제나 아버지라는 거대한 벽에 부딪히게 됩니다. 아버지는 어머니를 두고 경쟁해야 하는 강력한 라이벌이자, 동시에 절대적으로 이길 수 없는 권위의 상징으로 다가오는 존재입니다.

아이의 마음은 깊은 양가감정에 휩싸입니다. 한편으로는 아버지를 미워하며, 아버지가 사라졌으면 좋겠다는 무의식적 소망을 품게 됩니다. 그러나 다른 한편으로는 아버지를 깊이 두려워하기도 합니다. 아버지는 자신보다 훨씬 강력하며, 함부로 대적했다가는 큰 처벌을 받을 수 있다는 것을 본능적으로 알아차리는 것입니다. 이때 아이가 느끼는 가장 원시적인 공포가 바로 거세 불안(Castration Anxiety)입니다.

예를 들어, 아이는 여동생을 보고 "여자아이에게는 남근이 없구나. 그러면 잘린 것일까?"라는 단순하지만 충격적인 결론에 도달할 수 있습니다. 또한 부모가 장난스럽게 "자꾸 울면 고추 떼버린다!"고 했던 말이 실제 위협처럼 아이의 마음속에 깊이 각인되기도 합니다. 이런 경험들은 아버지가 자신을 거세할지도 모른다는 깊은 불안으로 이어집니다.

결국 아이는 욕망을 포기할 수밖에 없는 상황에 이릅니다. 어머니를 향한 근친적 욕망을 억압하고, 아버지를 경쟁자가 아니라 동일시의 대상으로 삼게 됩니다. 즉, 아버지를 닮고 싶어 하고, 아버지의 가치와 권위를 자신의 내면으로 받아들이는 것입니다. 이 과정에서 초자아가 형성되며, 도덕적 규범과 사회 질서가 아이의 마음속에 자리를 잡습니다.

다시 말해, 오이디푸스 콤플렉스의 극복은 단순히 가족 내 갈등을 해소하는 데 그치지 않고, 개인이 사회적 존재로 거듭나는 출발점이 됩니다. 아이가 아버지를 넘어서는 대신 아버지를 닮으려 할 때, 그는 문명의 규범을 내면화하며 사회화의 길에 들어섭니다.

어린 한스의 사례: 실증적 증거

프로이트는 '오이디푸스 콤플렉스'가 단순한 이론이 아님을 증명하기 위해 흥미로운 실제 사례를 제시했습니다. 바로 '어린 한스'의 이야기입니다. 1908년, 5세 소년 헤르베르트 그라프(가명 한스)는 갑자기 말에 대한 극심한 공포증에 시달리기 시작했습니다. 특히 입 주변에 검은 재갈이 있는 하얀 말을 보면 공포에 질려 아예 거리 외출조차 힘든 지경이었죠.

놀라운 점은 한스가 원래 말을 무척 좋아했다는 사실입니다. 마차 구경을 즐기던 아이가 어느 날 갑자기, 말로 설명할 수 없는 두려움에 사로잡힌 것입니다. 당황한 부모는 서둘러 프로이트에게 도움을 요청했습니다. 그런데 프로이트는 직접 소년을 치료하는 대신, 아버지를 매개로 한 간접 치료라는 독특한 방식을 택했습니다. 아버지가 아들과 대화한 내용을 프로이트에게 자세히 보고하는 방식이었습니다. 이는 역사상 최초의 아동 정신분석 사례로 기록되었습니다.

프로이트의 해석은 일관되고 명확했습니다. 한스의 공포는 다름 아닌 '아버지에 대한 복잡한 감정'과 '거세 불안'이 다른 대상으로 옮겨진 것이라는 분석이었죠. 한스는 어머니를 독차지하고 싶었지만 아버지가 그 사이를 가로막는다고 느꼈을 것입니다. 동시에 아버지를 사랑했기에 이 모순된 감정들이 소년에게 감당하기 어려운 불안을 키웠습니다. 그리고 이 불안이 '말에 대한 공포'로 모습을 바꿔 전이되었다고 그는 해석했습니다.

구체적으로 살펴보면, 하얀 말의 검은 재갈과 눈가리개는 아버지의 콧수염과 안경을 연상시켰다고 분석했습니다. 말에게 밟히거나 물릴 것이라는 공포는 곧 아버지에게 처벌받을 것이라는 무의식적 불안의 상징적 표현이라는 것이었습니다.

치료 과정에서 아버지가 프로이트의 해석을 바탕으로 한스에게 공포의 숨겨진 의미를 차근차근 설명해주자, 놀랍게도 한스는 점차 자신의 감정을 이해하게 되었고 두려움도 완화되었습니다. 어린 한스의 사례는 오이디푸스 콤플렉스가 단순히 책상 위 이론이 아니라, 실제 아동의 심리 현상에서 생생하게 나타날 수 있음을 보여주는 대표적인 증거로 지금까지 평가받고 있습니다.

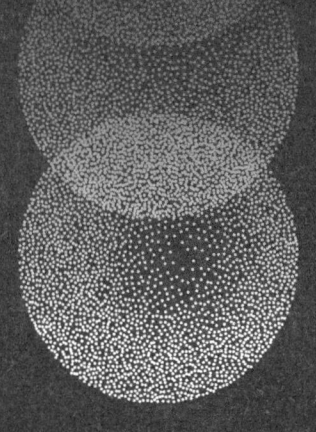

Insight #5

나는 나를 속이고 있는가
방어기제와 자아의 보호 전략

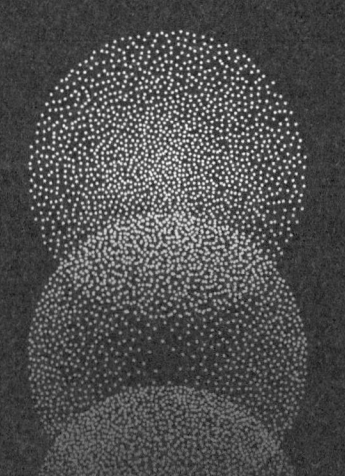

프로이트는 이런 말을 남겼습니다.

"억압 이론은 정신분석학 전체 구조의 초석이다."

억압이 방어기제의 핵심인 것은 사실이지만, 방어기제라는 개념 자체는 그보다 훨씬 더 넓고 깊은 영역을 품고 있습니다.

그럼 방어기제란 대체 무엇일까요? 한마디로 자아가 위험을 감지했을 때 무의식적으로 발동하는 심리적 보안 시스템이라고 할 수 있습니다. 우리 안의 자아는 늘 세 방향에서 동시에 거센 압박을 받습니다. 첫째, 본능적으로 욕구를 분출하려는 원초아의 끝없는 충동입니다. 둘째, 도덕과 규범을 엄격하게 강요하는 초자아의 무거운 요구입니다. 셋째, 외부 현실이 주는 냉정한 한계와 제약입니다. 이 세 힘이 격렬하게 충돌하면 자아는 균형을 잃고, 그 순간 불안이라는 경보가 울리기 시작합니다.

불안은 자아에게 "지금 위험한 상황이다. 뭔가 조치가 필요하다"는 절실한 신호를 보냅니다. 이때 자아는 자신을 보호하기 위해 방어기제라는 정교한 시스템을 가동합니다. 방어기제의 목적은 명확하고 단순합니다. 불안을 줄이고 마음의 균형을 섬세하게 유지하는 것입니다.

방어기제에는 두 가지 중요한 특징이 있습니다.

첫째, 완전히 무의식적으로 작동한다는 점입니다. 우리가 "지금은 합리화 기법을 써야겠다"고 의식적으로 선택하는 것이 아닙니다. 마치 손이 뜨거운 난로에 닿았을 때 본능적으로 움찔하며 피하는 것처럼, 자동으로 그리고 즉시 발현됩니다.

둘째, 현실을 미묘하게 왜곡한다는 특성입니다. 받아들이기 어려운 사실을 있는 그대로 직면하는 대신, 덜 아프고 덜 불편하게 바꾸어 해석합니다. 마치 너무 밝은 햇빛에 선글라스를 끼는 것과 같습니다. 그대로 보면 눈이 아프니, 빛을 걸러서 조금 어둡게 바라보는 것입니다.

방어기제는 특별한 사람만 사용하는 특수한 기능이 아닙니다. 누구나 일상에서 자연스럽게 사용하는 보편적인 심리 기능입니다. 예를 들어, 시험에서 떨어진 학생이 "다들 어려워했을 거야"라고 스스로를 위안하는 것도 방어기제의 작용입니다. 또한 누군가 이별의 아픔을 겪을 때 "사실 나도 마음이 식어가고 있었어"라고 말하며 상처를 달래는 것도 같은 맥락에서 이해할 수 있습니다.

문제가 되는 것은 이 기제가 과도하게 사용되거나 잘못된 방식으로 고착화될 때입니다. 방어기제가 적절하게 작동하면 불안을 부드럽게 완충해주는 역할을 하지만, 과도하게 사용되면 현실을 제대로 보지 못하게 만들어 오히려 건강한 적응을 방해할 수 있습니다. 예를 들어 계속해서 실패를 남의 탓으로만 돌리는 사람은 성장할 기회를 잃고, 결국 더 큰 심리적 문제에 빠질 위험이 있습니다.

즉, 방어기제는 일상 속 마음의 안전벨트이자 동시에 이중 날을 가진 칼과 같은 존재입니다. 우리를 보호해주는 고마운 역할을 하지만, 지나치게 의존하면 오히려 앞길을 가로막는 장애물이 될 수 있습니다.

주요 방어기제: 마음이 자신을 지키는 방법들

억압(Repression)

억압은 모든 방어기제의 토대를 이루는 가장 핵심적인 기제입니다. 받아들이기 힘든 생각이나 감정, 고통스러운 기억을 무의식이라는 깊은 공간에 밀어 넣어버리는 것이죠. 어린 시절 큰 교통사고를 겪은 사람이 어른이 되어서 그 끔찍했던 순간을 전혀 기억하지 못하는 것이 바로 그 예입니다. 그렇다고 기억이 완전히 사라진 것은 아닙니다. 그저 무의식 깊은 곳에 억눌려 있을 뿐입니다. 이렇게 억압된 기억은 종종 꿈속에서 되살아나거나 갑작스러운 불안 발작의 형태로 나타나기도 합니다.

실제 상담 현장에서 만난 한 내담자의 이야기가 이를 잘 보여줍니다. 이 내담자는 원인 모를 불안감에 손톱을 물어뜯고 깊은 불면증에 시달렸습니다. 상담을 통해 어린 시절 부모의 폭력적인 장면을 목격하고 큰 충격을 받았다는 사실이 드러났지만, 정작 내담자 자신은 당시의 기억을 전혀 떠올리지 못했습니다. 그러나 꿈속에서는 반복적으로 '거대한 손'이 자신을 짓누르는 장면을 경험했습니다. 이는 억압된 경험이 무의식에서 다른 형태로 되살아난 사례였습니다.

투사(Projection)

투사는 자신의 불편한 감정이나 충동을 다른 사람에게 떠넘기는 심리적 작용입니다. 예를 들어 회사에서 자신의 실수로 프로젝트가 지연되었는데, "팀장이 제대로 설명해주지 않았기 때문"이라고 책임을 전가하는 경우입니다. 혹은 외도를 저지른 사람이 오히려 배우자에게 "요즘 누구랑 연락하는 거 아니야?"라고 끊임없이 의심의 눈초리를 보내는 것도 같은 맥락입니다.

실제 임상 사례를 보면, 어떤 남성은 늘 "사람들이 나를 싫어한다"고 호소했습니다. 하지만 주변 상황을 자세히 살펴보니 정작 자신이 사람들을 공격적이고 불친절하게 대하고 있었습니다. 자신 안의 적대감을 인정하기 어려워 "남들이 나를 싫어한다"는 방식으로 투사한 것이었습니다.

전치(Displacement)

전치는 감정의 대상을 다른 곳으로 옮기는 현상입니다. 상사에게 화가 났지만 직접 표현할 수 없을 때, 집에 돌아와 가족들에게 화를 내는 것이 대표적인 예입니다. 학교에서 선생님께 꾸중을 들은 학생이 집에 와서 동생을 괴롭히는 것도 전치의 작용입니다.

한 직장인의 사례를 들어보겠습니다. 그는 퇴근 후면 늘 사소한 일로 아내와 크게 다투곤 했습니다. 상담을 통해 진짜 원인이 밝혀졌습니다. 사실 그의 분노가 향했던 대상은 직장 상사였지만, 직장에서는 화를 낼 수 없으니 가장 편한 아내에게 그 감정을 쏟아낸 것입니다. 아내는 영문도 모른 채 감정의 희생양이 된 셈입니다.

합리화(Rationalization)

합리화는 자신의 행동이나 실패를 그럴듯한 이유로 포장하는 것입니다. 이솝 우화에서 포도를 따지 못한 여우가 "저 포도는 셔서 먹고 싶지 않았어"라고 말하는 것과 같은 심리입니다. 시험에 떨어진 학생이 "사실 이 전공은 나와 맞지 않았어"라고 말하는 경우가 그렇습니다.

실제 사례로 면접에서 탈락한 한 구직자가 있었습니다. 그는 "그 회사는 별로였어. 조직 문화가 구식이라 어차피 안 갔을 것"이라며 실패의 원인을 회사 탓으로 돌렸습니다. 하지만 사실 그는 준비가 부족했습니다. 이처럼 자신의 부족함을 인정하기 괴로울 때, 사람들은 외부에서 핑계를 찾아 합리화하곤 합니다.

반동형성(Reaction Formation)

반동형성은 자신의 진짜 감정과 정반대되는 행동이나 태도를 보이는 것입니다. 동성에게 끌리는 감정을 품고 있으면서도 동성애를 강하게 비난하는 경우가 대표적입니다. 아이를 좋아하지 않으면서도 겉으로는 과도하게 아이를 사랑한다고 행동하는 것도 같은 맥락입니다.

상담에서 만난 한 내담자는 직장 상사를 깊이 미워했지만, 오히려 상사 앞에서는 지나칠 정도로 친절하게 굴었습니다. "정말 존경합니다"라고 말했지만 속마음은 정반대였습니다. 미움이라는 감정을 인정하기 힘들어 반대의 표현으로 포장한 것입니다.

승화(Sublimation)

승화는 가장 건설적이고 성숙한 방어기제로 평가받습니다. 사회적으로 용납되지 않는 충동이나 욕구를 사회적으로 가치 있는 활동으로 승화시키는 것입니다. 공격성이 강한 사람이 운동선수나 외과의사가 되는 경우, 또는 강한 성적 에너지가 창작 활동으로 전환되는 경우가 그렇습니다.

실제 예로, 어린 시절부터 싸움이 잦았던 한 소년이 권투를 배우면서 세계적인 복서로 성장한 사례가 있습니다. 만약 그 공격적 충동을 그대로 표출했다면 비행 청소년의 길로 빠졌을지도 모릅니다. 하지만 승화를 통해 사회적으로 존중받는 성취로 바낀 것입니다.

에미 폰 N.의 사례: 저항의 발견

1889년, 프로이트는 40세의 부유한 미망인 파니 모저(가명 에미 폰 N.)를 치료하게 되었습니다. 그녀는 얼굴 근육이 저절로 씰룩거리는 틱 증상과 함께 이유를 알 수 없는 갑작스러운 외침 같은 기이한 증상들로 깊은 고통을 받고 있었습니다. "가만히 있어요! 저를 만지지 마세요!"라는 말을 돌연 내뱉기도 했습니다.

프로이트는 당시 주된 치료법이던 최면술을 사용했습니다. 최면 상태에 들어간 그녀는 과거의 아픈 상처들을 차례로 떠올렸습니다. 남편의 갑작스러운 죽음, 시어머니의 끊임없는 괴롭힘, 아이들에 대한 깊은 걱정 등이 줄줄이 쏟아져 나왔습니다. 증상은 일시적으로나마 호전되는 듯 보였습니다. 틱의 빈도가 줄어들고, 갑작스러운 외침도 덜해졌던 것입니다.

그런데 치료 과정에서 흥미로운 현상이 나타났습니다. 그녀는 핵심적인 기억에 접근할 때마다 대화를 갑자기 끊어버리거나, 기억이 나지 않는다고 말했습니다. 무의식적으로 치료 자체를 회피하고 있었던 것입니다. 프로이트는 이런 현상을 저항이라고 명명했습니다.

저항은 매우 중요한 발견이었습니다. 환자가 의식적으로는 치료받기를 간절히 원하면서도, 무의식적으로는 고통스러운 진실을 피하려 한다는 사실을 보여주었기 때문입니다. 이는 무의식이 스스로를 보호하려 한다는 강력한 증거이기도 했습니다. 이후 정신분석 치료에서 저항은 단순한 방해 요소가 아니라, 치료 과정에서 반드시 다뤄야 할 핵심 현상으로 자리 잡게 되었습니다.

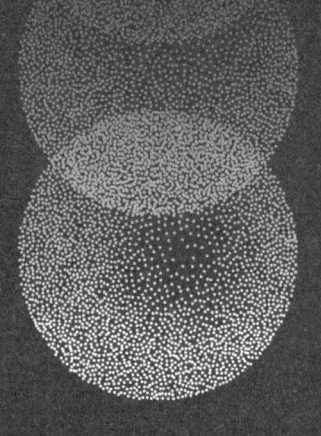

Insight #6

이 기묘한 행동들은 무엇을 말하는가
성격 유형과 임상 사례들

슈레버의 사례: 편집증과 투사 메커니즘

다니엘 파울 슈레버는 독일에서 존경받던 법관이었습니다. 지적이고 성실하며, 사회적으로도 성공한 인물입니다. 그런 그가 1893년이 되던 해에 심각한 정신적 위기를 맞게 되었습니다. 그의 망상은 단순한 착각이 아니라 정교하고 체계적인 세계관을 형성하고 있었습니다.

슈레버는 자신이 여성으로 변하고 있다고 믿었습니다. 더 나아가 신에게 선택되어 임신하여 새로운 인류를 낳을 운명을 지녔다고 확신했습니다. 한편으로는 주치의였던 플렉시히 박사가 자신의 영혼을 파괴하려 한다고 주장했습니다. 이처럼 슈레버의 망상은 종교적 상징과 개인적 관계가 복잡하게 얽힌 구조를 가지고 있었습니다.

주목할 점은 그가 자신의 경험을 꼼꼼하게 기록하여 《한 신경병자의 회상록(Denkwürdigkeiten eines Nervenkranken)》이라는 책으로 출간했다는 것입니다. 프로이트는 이 책을 직접 읽고 분석했습니다. 환자를 직접 치료하지는 않았지만, 이를 통해 중요한 통찰을 얻었다고 여겼습니다.

프로이트의 해석은 일관되었습니다. 슈레버의 망상은 억압된 동성애적 욕망을 방어하려는 심리적 결과라는 것이었습니다. 그는 무의식적으로 플렉시히 박사에게 성적 끌림을 느꼈으나, 당시 사회에서 동성애는 절대 용납될 수 없는 것이었습니다. '나는 그를 사랑한다'라는 감정은 먼저 '나는 그를 미워한다'로 전환되었고, 그조차 받아들이기 어려워 다시 외부로 투사되었습니다. 결국 '그가 나를 박해한다'라는 피해망상으로 변형되었다고 프로이트는 해석했습니다.

여성으로의 변신을 꿈꾸는 망상 역시 같은 맥락에서 이해했습니다. 남성을 사랑하고 싶지만 이를 인정할 수 없으니, 차라리 자신이 여성이 된다면 이 모순이 해결된다는 논리였습니다. "신에 의해 수태된다"는 종교적 상상은 이 변신에 신성한 정당성을 부여하는 장치라고 보았습니다.

슈레버의 사례는 투사가 편집증적 망상의 핵심 메커니즘이 될 수 있음을 보여줍니다. 받아들일 수 없는 내적 감정이 외부로 옮겨가며 '내가 그를 원한다 → 그가 나를 위협한다'로 바뀌는 과정이라는 것입니다.

늑대 인간의 사례: 유아기 신경증의 재구성

러시아 귀족 세르게이 판케예프, 일명 '늑대 인간'은 프로이트의 가장 유명한 환자 중 한 명입니다. 그는 어린 시절부터 우울증과 변비, 강박증 등 심각한 정신적 고통에 시달렸습니다.

그의 특별한 별명은 5세 무렵 꾼 한 꿈에서 비롯되었습니다. 꿈속에서 그는 침대 옆 창밖의 호두나무 위에 하얀 늑대 여섯 마리가 앉아 자신을 뚫어지게 바라보고 있는 장면을 목격했습니다. 늑대들은 전혀 움직이지 않았지만, 그의 마음을 압도하는 깊은 공포를 불러일으켰습니다.

1910년, 프로이트는 판케예프를 만나 4년 이상에 걸친 긴 분석을 진행했습니다. 그는 이 신비로운 꿈을 비롯한 환자의 신경증적 증상들의 뿌리를 끈질기게 추적해 나갔습니다. 프로이트가 도달한 핵심 가설은 '원초적 장면(Primal Scene)'이었습니다. 판케예프가 생후 18개월경 부모의 성관계 장면을 목격했으며, 당시에는 이해할 수 없었던 그 경험이 무의식 속에 억압되었다가 훗날 꿈과 같은 상징적 형태로 드러났다는 것입니다.

어린아이는 이 장면을 제대로 이해하지 못하고 폭력적인 행위로 잘못 인식했을 수 있다고 프로이트는 추정했습니다. 이 충격적인 경험은 즉시 무의식 깊은 곳에 억압되었지만, 그 흔적은 마음속에 고스란히 남아 있었습니다. 5세 무렵 꾼 늑대 꿈은 억압된 경험이 상징적으로 재현된 것이라고 해석했습니다. 하얀 늑대는 부모의 하얀 속옷을, 나무 위의 모습은 성교 체위를, 늑대의 예리한 눈빛은 성적 흥분을 상징한다고 분석했습니다.

프로이트는 이 사례를 통해 중요한 개념을 발전시켰습니다. 바로 '사후성(Deferred Action)'이라는 개념입니다. 유아기의 경험은 당시에는 특별한 의미를 갖지 않지만, 성적으로 성숙해진 후에 재해석되면서 외상적 의미를 얻게 됩니다. 즉, 과거 경험의 진정한 의미는 현재 시점에서 재구성된다는 통찰이었습니다.

프로이트 이론에서 늑대 인간 사례는 유아기 경험이 성인기 신경증으로 이어지는 과정을 보여주는 핵심 사례로 꼽힙니다.

쥐 인간의 사례: 강박 신경증과 양가감정

1907년 어느 날, 프로이트의 진료실 문을 두드린 젊은 남자가 있었습니다. 에른스트 란처, 29세의 법학도였습니다. 그런데 이 똑똑한 청년의 삶은 무너져 내리고 있었습니다. 머릿속에서 끔찍한 생각이 멈추지 않았고, 그는 그 생각을 막기 위해 기이한 의식을 반복해야 했으니까요.

이 모든 악몽은 군대에서 들은 잔혹한 이야기에서 비롯되었습니다.

"옛날 동양에서는 죄인을 고문할 때 항문에 굶주린 쥐를 집어넣었대."

그날 이후, 이 끔찍한 고문을 당하는 상상이 그의 머릿속을 떠나지 않았습니다. 그런데 이상한 점은 그 상상의 주인공이 바로 자신이 세상에서 가장 사랑하는 아버지와 연인이었습니다.

그는 이 상상이 현실이 되지 않도록 자신만의 복잡한 규칙을 만들어야 했습니다. 길을 가다 돌멩이를 보면 특정 장소에 다시 가져다 놓아야 했고, 정해진 시간에 특정 기도를 해야 했습니다. 이 이상한 행동을 하지 않으면, 사랑하는 사람들이 쥐에게 고통받을 것만 같았습니다.

몇 달간의 치료를 통해 프로이트는 놀라운 사실을 발견했습니다. 에른스트의 강박 뒤에는 아버지에 대한 복잡하고 모순된 감정이 숨어 있었던 것입니다. 겉으로는 아버지를 존경하고 사랑했지만, 마음 깊은 곳에서는 아버지를 원망하고 있었습니다. 자신의 인생을 통제하고 자유를 억압하는 존재로 느끼기도 했습니다. 무의식 속에서는 '아버지가 없어졌으면 좋겠다'는 끔찍한 생각까지 품고 있었습니다.

이 모순된 감정, 바로 양가감정이 견딜 수 없는 죄책감을 만들어냈습니다. "내가 어떻게 아버지에게 이런 감정을 가질 수 있지?"라는 죄책감이 쥐 고문이라는 잔혹한 환상으로 둔갑한 것이었습니다.

왜 하필 쥐였을까요? 프로이트는 이 또한 우연이 아니라고 분석했습니다. 쥐는 더럽고 탐욕스러운 동물로 여겨집니다. 에른스트의 금지된 욕망들, 특히 성적 욕망과 돈에 대한 욕심을 상징했습니다. 더 흥미로운 건 독일어에서 '쥐(Ratten)'와 '할부금(Raten)'의 발음이 비슷하다는 점이었습니다. 에른스트는 아버지의 도박 빚 때문에 고민이 많았거든요. 무의식은 이렇게 정교한 상징을 만들어내며 억압된 감정을 표현하고 있었습니다.

치료가 진행되면서 에른스트는 용기를 내어 자신의 진짜 감정을 마주했습니다.

"저는… 아버지를 사랑합니다. 하지만 동시에 미워하기도 해요. 때로는 아버지가 없어졌으면 좋겠다고 생각하기도 했어요."

이 고백의 순간, 무언가 신기한 일이 일어났습니다. 몇 달간 그를 괴롭혔던 강박적 상상들이 서서히 힘을 잃기 시작했습니다. 마치 어둠 속에서 빛을 발견한 것처럼, 억눌렸던 감정을 인정하자 마음의 감옥에서 벗어날 수 있었습니다.

에른스트의 이야기는 결코 남의 일이 아닙니다. 우리는 모두 사랑하는 사람에게 복잡한 감정을 가지고 있습니다. 부모님을 사랑하지만 때로는 벗어나고 싶고, 연인을 아끼지만 가끔은 자유롭고 싶어 합니다. '쥐 인간'의 사례는 이런 양가감정을 억누르려 할수록 더 기괴한 형태로 나타날 수 있음을 보여줍니다. 하지만 그 감정들을 있는 그대로 인정할 때, 진정한 치유와 자유가 가능하다는 희망도 함께 전해줍니다.

도라의 사례: 전이와 치료 실패

18세의 이다 바우어(가명 도라)는 1900년 아버지의 권유로 프로이트를 찾게 되었습니다. 그녀는 실어증과 신경성 기침, 우울증, 그리고 자살 충동 같은 다양한 히스테리 증상들로 깊은 고통을 겪고 있었습니다.

치료가 진행되면서 도라의 가족사와 복잡한 관계의 실상이 드러났습니다. 도라의 아버지는 친구인 K 씨의 아내와 불륜 관계를 맺고 있었고, 그 대가로 K 씨가 도라에게 성적으로 접근하는 것을 묵인하고 있었던 것입니다. 도라는 사실상 가족 간 거래에서 교환물처럼 취급되는 비극적 상황에 놓여 있었습니다.

K 씨는 도라가 14세 무렵부터 성적 관심을 드러냈고, 18세가 되자 노골적으로 접근했습니다. 도라는 겉으로는 분노와 혐오를 보였지만, 프로이트는 그녀가 동시에 무의식적으로는 복잡한 감정을 품고 있다고 해석했습니다. 의식적으로는 K 씨를 거부했지만 무의식적으로는 끌림을 느꼈다는 것입니다. 또한 아버지에 대한 배신감과 K의 아내에 대한 질투심도 얽혀 있다고 분석했습니다.

그러나 치료는 불과 3개월 만에 갑작스럽게 중단되었습니다. 도라가 일방적으로 떠나버린 것입니다. 치료가 잘 진행되고 있다고 믿었던 프로이트는 당황할 수밖에 없었습니다. 하지만 그는 이후 이 실패를 깊이 성찰하며 중요한 깨달음을 얻게 되었습니다. 도라가 자신이 느꼈던 애증과 배신의 감정을 프로이트에게 옮겨왔으며, 즉 프로이트를 K 씨와 동일시했다는 통찰이었습니다.

환자가 과거의 중요한 인물에 대한 감정을 치료자에게 옮겨오는 이 현상을 프로이트는 전이라고 명명했습니다. 전이는 정신분석 치료에서 피할 수 없는 현상이며, 단순한 방해 요소가 아니라 무의식을 탐색하는 핵심 도구라는 사실이 드러났습니다. 도라의 치료를 실패하면서 오히려 정신분석 기법 발전의 중요한 전환점이 되었습니다.

프로이트 이후, 우리는 어떻게 달라졌는가

프로이트의 이론을 온전히 학습한 우리는 이제 세상을 이전과는 전혀 다른 눈으로 바라볼 수 있는 새로운 렌즈를 얻게 됩니다. 정신분석학은 단순히 정신 질환을 치료하는 기법에 머무르지 않습니다. 인간의 행동과 사회 현상 속에 숨어 있는 무의식적 동기를 해독하는 강력한 해석 도구입니다.

마치 탐정이 범죄 현장에서 단서를 찾듯이, 우리는 일상의 사소한 행동에서 무의식의 흔적을 발견할 수 있습니다. 프로이트가 제시한 지도를 들고 일상과 사회를 탐험하면, 그동안 무심히 지나쳤던 풍경에서 하나둘 새로운 의미를 볼 수 있게 됩니다.

첫째, 자기 자신을 더 깊이 이해할 수 있습니다. 이제 우리는 스스로를 합리적이고 일관된 존재로만 보지 않습니다. 이유 없는 불안에 시달리거나, 후회할 줄 알면서도 같은 실수를 반복하는 순간, 그 배후에서 무의식이 작동하고 있음을 떠올릴 수 있습니다. 이를 통해 자신에게 더 관대해질 수 있습니다.

예를 들어, 왜 나는 특정 유형의 사람에게만 유독 끌리거나 반감을 느끼는지 생각해볼 수 있습니다. 항상 연상의 남자에게 끌리는 여성이 있다면, 어린 시절 아버지와의 관계에서 그 답을 찾을 수 있습니다. 말실수가 특정 인물 앞에서 유독 나타나기도 합니다. 상사 앞에서만 유독 실수를 연발한다면, 그 속에는 권위자에 대한 복잡한 감정이 숨어 있을 수 있습니다.

프로이트적 관점은 이런 현상이 단순한 우연이 아니라 억압된 소망이나 유년기의 갈등이 보내는 신호일 수 있음을 보여줍니다. 예컨대 지나치게 인색하거나 정리정돈에 집착하는 성격은 어린 시절의 배변 훈련과 연결될 수 있다고 프로이트는 말합니다. 이러한 항문기 고착 이론은 사소한 습관조차 개인의 성장사와 깊이 얽혀 있을 가능성을 시사합니다.

또 잠자는 동안 꾸는 황당한 꿈이 사실은 내면의 억압된 욕망을 은밀히 충족시키는 장치라는 설명은 흥미롭습니다. 꿈을 단순한 잡념이 아닌 무의식의 메시지로 이해하게 되었습니다. 예를 들어, 늦잠을 자는 꿈을 자주 꾼다면, 현실에서 무언가를 회피하고 싶은 무의식이 드러난 것일 수 있습니다. 결국 우리는 자신을 탐정처럼 관찰하며, 겉모습 뒤에 숨어 있는 심리적 진실을 추적할 수 있게 됩니다.

둘째, 타인과의 관계를 새로운 차원에서 분석할 수 있습니다. 직장 상사에게 유난히 반항하거나 반대로 맹목적으로 복종하는 동료의 태도를 생각해봅시다. 이제 우리는 그 이면에 아버지와의 관계에서 비롯된 오이디푸스 콤플렉스의 그림자를 떠올릴 수 있습니다.

연인에게 끊임없이 사랑을 확인받으려는 사람을 보겠습니다. 이는 채워지지 않은 구강기의 욕구일 수 있으며, 상대를 과도하게 통제하려는 사람은 항문기적 고착의 흔적을 보일 수도 있습니다. 예를 들어, 데이트할 때마다 "나 사랑해?"라고 묻는 연인은 어린 시절 충분한 사랑을 받지 못했을 가능성이 큽니다. 반대로 상대방의 일거수일투족을 감시하려는 사람은 어린 시절 통제욕을 제대로 해소하지 못한 것일 수 있습니다.

도라 사례에서 드러난 전이처럼, 과거 중요한 인물에게 품었던 감정을 현재의 대상에게 옮겨오는 현상은 상담실뿐 아니라 일상에서도 흔히 발생합니다. 우리가 누군가를 이유 없이 싫어하거나 반대로 과도하게 이상화할 때, 이는 상대의 실제 모습이 아니라 내 안의 무의식적 투사가 반영되었을 가능성이 큽니다.

또 에른스트 란처의 사례에서 확인되듯, 사랑과 증오가 동시에 얽힌 양가감정은 인간관계의 복잡성을 풀어내는 중요한 단서가 됩니다. 가장 사랑하는 사람에게 때로는 미움을 느끼는 것도 인간의 자연스러운 감정입니다. 결국 인간관계의 갈등은 단순한 성격 차이나 우연이 아니라, 무의식 속의 오래된 기억과 소망이 현재를 통해 재현되는 과정임을 알게 됩니다.

셋째, 사회와 문화를 읽는 새로운 독해력을 갖게 됩니다. 프로이트는 종교, 도덕, 법률 같은 사회 제도를 원초적 욕망을 억제하기 위해 만들어진 거대한 초자아로 해석했습니다. 특히 근친상간과 존속살해를 금지하는 보편적 규범은 오이디푸스 콤플렉스가 단순히 개인의 문제가 아니라 인류 전체가 공유하는 심리적 현실임을 보여줍니다. 모든 문화권에서 근친상간을 금기시하는 이유를 프로이트의 관점에서 보면, 이는 인간 무의식 깊숙이 자리한 금지된 욕망을 사회가 체계적으로 억압한 결과입니다.

예술과 문학, 영화 속에서 반복되는 신화적 모티브 또한 억압된 욕망이 승화라는 성숙한 방어기제를 통해 드러난 결과일 수 있습니다. 이를테면 강력한 영웅이 괴물을 무찌르는 이야기는 아들이 아버지를 극복하고자 하는 무의식적 소망이 변형된 형태일 수 있습니다. 슈퍼맨이나 배트맨 같은 영웅들이 끊임없이 사랑받는 이유도 여기에 있습니다. 우리는 그들을 통해 무의식적으로 아버지를 넘어서는 판타지를 안전하게 즐깁니다.

반대로 사회를 뒤흔드는 집단적 광기나 흉악 범죄는 억압된 원초아의 충동이 자아와 초자아의 통제를 뚫고 터져 나온 장면으로 볼 수 있습니다. 슈레버 판사 사례처럼 사회적으로 존경받던 인물이 갑자기 망상에 빠지는 모습은 인간 정신의 균형이 얼마나 위태로운 기반 위에 서 있는지를 여실히 보여줍니다. 평범한 사람이 하루아침에 범죄자가 되는 것도 같은 맥락에서 이해할 수 있습니다.

결론적으로 프로이트의 이론은 우리를 눈에 보이는 현상 너머로 안내합니다. 그는 인간을 의식과 이성의 주인 자리에서 끌어내리고, 무의식적 욕망과 억압된 기억에 의해 움직이는 복잡한 존재로 재정의했습니다. 이런 관점은 불편하고 받아들이기 어려울 수 있습니다.

하지만 이 렌즈를 통해 나와 타인, 그리고 사회를 더 깊고 입체적으로 이해하게 되면, 우리는 인간 존재 전체에 대한 더 큰 공감과 연민에 이르게 됩니다. 상대방의 이해할 수 없는 행동도 그 사람만의 무의식적 역사가 만들어낸 결과임을 알게 되면, 섣불리 판단하기보다는 이해하려고 노력하게 됩니다.

결국 프로이트의 렌즈로 본 다른 사람의 삶은 단순한 사건들의 나열이 아닙니다. 무의식이 빚어내는 한 편의 거대한 드라마임을 깨닫게 되는 것입니다. 우리는 모두 자신만의 무의식적 각

본에 따라 살아가는 배우들입니다. 그 각본을 이해할 때, 비로소 상대를 온전히 사랑할 수 있게 되고, 나를 더 사랑할 수 있게 됩니다. 비로소, 진정한 자유에 한 걸음 다가서게 됩니다.

에필로그

프로이트의 렌즈로 세상을 보다

어린 시절, 저는 늘 세상이 불공평하다고 느꼈습니다. 아침마다 거울을 보며 "왜 나만 이렇게 못나게 태어났을까?"라고 중얼거렸습니다. 형과는 사소한 다툼 하나로 10년 넘게 대화를 끊고 살았습니다. 어머니와 아버지는 어린 시절 서로 싸우던 기억만 남아 있습니다. 형은 아버지에게 맞았던 어린 시절의 기억 때문에 아버지를 싫어했습니다. 집 안은 가족이 함께 살아도 늘 냉랭했습니다.

그러던 20대 초반, 우연히 심리학 책을 집어 들었고 그 속에서 프로이트를 만났습니다. 그의 문장은 제 마음을 꿰뚫었습니다. "불행은 남이 준 게 아니라 스스로 선택한 것이다." 이 한 줄이

가슴을 강타했습니다. 그 순간, 세상이 전혀 다른 얼굴로 제 앞에 나타났습니다.

어머니의 잔소리는 미움이 아니라 사랑의 서툰 표현이었습니다. 아버지의 잘난 척은 우리를 무시한 게 아니라, 그분 안의 깊은 콤플렉스가 터져 나온 것이었습니다. 그렇게 이해하고 나니 가족이 달라 보였습니다. 오랫동안 멀리하던 형과도 어느 날 지하철에 마주 앉아 긴 이야기를 나눴습니다. 형의 다른 성향을 반박하기보다 듣고 공감해주었습니다. 그 이후로 우리는 10년 전 우애 깊던 형제로 다시 태어났습니다. 함께 여행을 다닐 만큼 가까워졌습니다. 예전 같았으면 떠올리기만 해도 가슴이 저렸을 어린 시절 기억은 이제 희미한 그림자일 뿐입니다. 그저 어렸구나 생각하며 미소 짓게 됩니다.

저는 절망의 아침을 살던 사람이었습니다. 하지만 지금은 다릅니다. 눈을 뜨는 순간 하루가 기다려지고, 거울 앞에 서면 '참 괜찮네' 하며 웃음이 나옵니다. 외모가 바뀐 게 아니라, 내면이 달라지니 세상도 달라진 겁니다.

그 비밀은 간단합니다. 무의식과 대화하는 법을 배운 것입니다. 누군가에게 화가 치밀면 "네가 잘못했어"라고 외치기보다, 제 안의 방어기제가 왜 작동했는지 먼저 들여다봅니다. 그리고 상대에게 솔직히 말합니다. "내가 예전에 당한 기억 때문에 과했던 것 같아. 미안해." 놀랍게도 이런 대화는 오히려 관계를 더 단단하게 만들었습니다.

프로이트는 말했습니다.

"이드가 있던 곳에 자아가 있어야 한다."

우리가 무의식을 의식 위로 끌어올릴 때, 비로소 선택할 자유가 생깁니다. 감정에 휘둘리는 인생에서 감정을 다스리는 인생으로 옮겨갈 수 있습니다.

저는 그 여정을 이미 시작했습니다. 그리고 믿습니다. 당신도 충분히 같은 길을 걸을 수 있다고. 이 책이 그 길 위에서 작은 등불이 되기를 바랍니다.

참고문헌

지그문트 프로이트와 요제프 브로이어, 《히스테리 연구》 Studien über Hysterie, 1895
지그문트 프로이트, 〈덮개 기억에 관하여〉 Über Deckerinnerungen, 1899
지그문트 프로이트, 《꿈의 해석》 Die Traumdeutung, 1899
지그문트 프로이트, 《일상생활의 정신병리학》 Zur Psychopathologie des Alltagslebens, 1901
지그문트 프로이트, 《성욕에 관한 세 편의 에세이》 Drei Abhandlungen zur Sexualtheorie, 1905
지그문트 프로이트, 《농담과 무의식의 관계》 Der Witz und seine Beziehung zum Unbewussten, 1905
지그문트 프로이트, 〈성격과 항문 에로티시즘〉 Charakter und Analerotik, 1908
지그문트 프로이트, 《한 편집증자의 자서전에 대한 정신분석적 고찰》 Psychoanalytische Bemerkungen über einen autobiographisch beschriebenen Fall von Paranoia (Dementia paranoides), 1911
지그문트 프로이트, 〈정신분석 기법에 관하여〉 Über Psychoanalytische Technik, 1911-1915
지그문트 프로이트, 《토템과 터부》 Totem und Tabu, 1913
지그문트 프로이트, 〈전이의 역동〉 Die Dynamik der Übertragung, 1912

지그문트 프로이트, 〈나르시시즘 서론〉 Zur Einführung des Narzissmus, 1914

지그문트 프로이트, 〈기억, 반복, 그리고 훈습〉 Erinnern, Wiederholen und Durcharbeiten, 1914

지그문트 프로이트, 〈억압〉Die Verdrängung, 1915

지그문트 프로이트, 《정신분석학 입문 강의》 Vorlesungen zur Einführung in die Psychoanalyse, 1916–17

지그문트 프로이트, 〈애도와 우울증〉 Trauer und Melancholie, 1917

지그문트 프로이트, 〈사랑의 심리학에 대한 기고〉 Beiträge zur Psychologie des Liebeslebens, 1910–1918

지그문트 프로이트, 《쾌락 원칙을 넘어서》 Jenseits des Lustprinzips, 1920

지그문트 프로이트, 《집단 심리학과 자아의 분석》 Massenpsychologie und Ich-Analyse, 1921

지그문트 프로이트, 〈질투, 편집증, 동성애의 신경증적 메커니즘〉 Über Eifersucht, Paranoia und Homosexualität, 1922

지그문트 프로이트, 《자아와 원초아》 Das Ich und das Es, 1923

지그문트 프로이트, 《억압, 증상, 그리고 불안》 Hemmung, Symptom und Angst, 1926

지그문트 프로이트, 《환상의 미래》 Die Zukunft einer Illusion, 1927

지그문트 프로이트, 〈유머〉 Der Humor, 1927

지그문트 프로이트, 〈페티시즘〉 Fetischismus, 1927

지그문트 프로이트, 《문명 속의 불만》 Das Unbehagen in der Kultur, 1930

지그문트 프로이트, 《새로운 정신분석 강의》Neue Folge der Vorlesungen zur Einführung in die Psychoanalyse, 1933

안나 프로이트, 《자아와 방어 기제》 Das Ich und die Abwehrmechanismen, 1936

지그문트 프로이트, 《모세와 일신교》 Der Mann Moses und die monotheistische Religion, 1939

이 책은 '50인의 비밀 독서단'과 함께 만들었습니다.

감사의 뜻으로 가장 먼저 이 책을 만나 가치를 더해주신
비밀 독서단 모두의 이름을 이곳에 새깁니다.
이 책을 펼쳐주신 모든 분께 감사드리며,
앞으로도 좋은 책으로 보답하겠습니다.

강민구	박지혜	이수영
강별	백영미	이정가
고민경(북쓰고)	북클로이	이진선
고수영	서묘정	이창우
곽대웅	성민진	이채연
김도연	아그나스	전소희
김선영	아이언	정지원
김수현(하놀)	안혜지	정희
김연준	양현민	제이블리
김지혜	엄예영	차한빛
김혜수	염지원	최유영
남유성	오하나	하지선
더나은	옥태규	하헌일
문경진	윤혜숙	한세희
박미란	이다원	함대홍
박세호	이서진	황대범
박재진	이수연	

다음 비밀 독서단 모집에 참여하고 싶다면
북타쿠 인스타그램(@book_ta_ku)을 팔로우해주세요!

프로이트의 감정수업

초판 1쇄 발행 2025년 11월 5일
초판 9쇄 발행 2026년 1월 14일
지은이 강이안

브랜드 필로틱
편집 경정은, 이은규, 성나현, 박수민
마케팅 김지우, 전유성, 하민지, 신민석
문의 book@pudufu.co.kr
발행처 라이프해킹 주식회사
출판 등록 제2022-0000341호
주소 서울시 강남구 도산대로 207, 9층 1호 (신사동, 성도빌딩)
ISBN 979-11-993830-1-2 03180

· 필로틱은 라이프해킹 주식회사의 출판 브랜드입니다.
· 저작권법에 의해 한국 내에서 보호를 받는 저작물이므로 무단 전재와 복제를 금합니다.
· 이 책 내용의 전부 또는 일부를 사용하려면 반드시 출판사의 동의를 받아야 합니다.